北《きた》里《さと》柴《しば》三《さぶ》郎《ろう》

伝染病《でんせんびょう》とたたかった不屈《ふくつ》の細菌《さいきん》学者

たからしげる・文

伝記を読もう

もくじ

はじめに

かぜをひいたことは、ありますか？　かぜは感染症《かんせんしょう》といって、人にうつる病気です。一度ひいてしまったら、むりをしないで、学校もできることならお休みして、家で静《しず》かに寝《ね》ているか、症状《しょうじょう》が重いときは病院にいって、お医者さんにみてもらいましょう。くしゃみやせき、はなみずが出るときは、マスクをして、家族や友だちにうつさないように気をつけたいと思います。

かぜにかからないためには、外から帰ってきたらきれいに手を洗《あら》いうがいをして、規則《きそく》正しい生活を送ることがいちばんの予防法《よぼうほう》です。

江戸《えど》時代末期《まっき》の一八五八（安政《あんせい》五）年でした。コレラという、致死率《ちしりつ》の高いおそろしい伝染病《でんせんびょう》が、長崎《ながさき》の出島《でじま》にやってきた外国船の乗組員からもたらされて、あっというまに日本の各地《かくち》に広がっていきました。死者は江戸《えど》だけで三万人に達《たっ》したとのことです。長い間、鎖国《さこく》という政《せい》策《さく》をとってきた日本でしたから、海外からやってくる伝染病《でんせんびょう》の入り口は、長崎《ながさき》の出島《でじま》しかなかったのです。その後、時代が明治《めいじ》になってからも、コレラ、赤痢《せきり》、腸《ちょう》チフス、といった、当時の人々にとっては死神の使いと呼《よ》んでもいい伝染病《でんせんびょう》が、日本列島をかけめぐりました。病に勝つ特効《とっこう》薬《やく》はないのか？　腕《うで》のたつ医者はいないのか？　そんな叫《さけ》び声が各地《かくち》にこだましたとき、医学を志《こころざ》すひとりの青年は、独自《どくじ》の意見を口にしました。

「医学の基本《きほん》は、治療《ちりょう》とともに予防《よぼう》にあるのです。わたしは今後、公衆《こうしゅう》衛生《えいせい》をライフワークとして学んでいくつもりです。」

公衆衛生《こうしゅうえいせい》とは「病《やまい》を発生させない、広げない」ための環境《かんきょう》づくり、といっていいでしょう。後に「近代日本医学の父」と呼《よ》ばれるようになったこの青年、北里柴三郎《きたさとしばさぶろう》とは、いったいどんな人物だったのでしょうか。

一　武道《ぶどう》にあこがれて

豊《ゆた》かな山林でかこまれた、民家《みんか》の広い縁側《えんがわ》に、あわい冬の日差《ひざ》しがふりそそいでいました。九歳《さい》になってまもない柴三郎は、ぬれたぞうきんを手に四つんばいになって、縁側《えんがわ》の板をふいています。朝の勉強が終わってから、ずっとふいているのです。

冷《つめ》たい風が庭の枯《か》れ枝《えだ》をゆらしているにもかかわらず、柴三郎の手足は熱《ねつ》をおびて、ひたいからは汗《あせ》がしたたり落ちてきそうです。

「縁側《えんがわ》はもう、すっかりきれいになっていますよ。ぴかぴかやわ。」

家の中から声をかけたのは、柴三郎の伯母《おば》でした。父の姉にあたる人です。

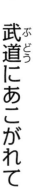

「いいえ、まだ、よごれているところがあります。もっと、しこたまふかないと。」

柴三郎は休むことなく、ぞうきんを桶《おけ》に入れてしぼり直すために、立ち上がりました。

北里柴三郎は江戸《えど》時代末期《まっき》の一八五三（嘉永《かえい》六）年一月二十九日、熊《くま》本《もと》県の山奥《やまおく》といってもよい、阿蘇郡小国郷北里村《あそぐんおぐにごうきたざと》の庄屋《しょうや》の家に生まれました。現在《げんざい》の小国《おぐに》町になります。庄屋《しょうや》とは、江戸《えど》時代の村役人のことで、いまでいえば村長のようなものです。

源氏《げんじ》の流れをくむ名門武士《ぶし》の血を引いている柴三郎は、小さなときから体が丈夫《じょうぶ》で、病気らしい病気をひとつもしないまま、少年になりました。

「おれは大きくなったら、世のためにつくすりっぱな武士《ぶし》になるったい。」

九人きょうだい、四男五女の長男だった柴三郎は、いつの日からか、そんな夢《ゆめ》を口にするようになっていました。

「さあ、戦《いくさ》ごっこば、やろうぜ」と、元気よく外にとび出していきます。遊びの戦《いくさ》とはいえ、柴三郎は負け知らずでした。年上の大きな子と取っ組み合いになって、たとえ投げとばされても、ぜったいにまいったとはいいません。

「やったな。反撃《はんげき》だあ！」

顔《かお》をまっ赤にして、相手に何度でもたたかいをいどんでいきます。

「もうよかよ、わかったばい。」

さすがに相手も、その負けずぎらいのしつこさに音《ね》を上げて、降参《こうさん》するしかありません。

一方で、小さな弟や妹たちには、やさしくてたよりがいのある兄でした。友だちとのつき合いもまめで、ときにはなみだもろいところもあっ

たので、その性格《せいかく》をしたって集まってくる仲間《なかま》たちは多かったのです。

しかし、父は、柴三郎がいつも勉強をするより先に、表にとび出していってしまうことをこころよく思っていませんでした。母もきびしい人で、柴三郎がずっと年上の、ときには大人に対しても、りくつっぽくて自分から歩み寄《よ》ろうとしない性格《せいかく》を、どうにかしなければいけないと考えていました。

そこで柴三郎は、八歳《さい》になった年に、両親からいいわたされたのです。

「しばらく橋本《はしもと》の伯母《おば》さんのところで、あずかってもらいます。そこで儒学《じゅがく》を勉強して、正しい生活態度《たいど》を身につけてきなさい。」

橋本《はしもと》の伯母《おば》の家には、橋本龍雲《はしもとりゅううん》という漢学者がいました。伯母《おば》の夫の父です。柴三郎はその後二年にわたって、龍雲《りゅううん》から儒学《じゅがく》の四書五経《ししょごきょう》を勉強することになったのです。

儒学《じゅがく》とは、中国の孔子《こうし》という人が広めた教えです。四書五経《ししょごきょう》は、儒学《じゅがく》を学ぶ上で人間の正しい生き方の基本《きほん》となるようなことが書いてある、ぜんぶで九つの重要《じゅうよう》な経典《きょうてん》です。

橋本《はしもと》の伯母《おば》の家にあずけられた最初《さいしょ》の日、柴三郎は、勉強が終わったら外にとび出していって、遊びまわりたいという気持ちをおさえることができませんでした。

ところが伯母《おば》は、母に負けないくらい、しつけのきびしい人でした。

「待ちなさい。」

柴三郎の背中《せなか》から声をかけます。

「これから毎日、勉強が終わったら、縁側《えんがわ》をきれいにふかなければいけません。」

伯母《おば》の家には、しばらく世話になります。それに、負けずぎらいの性《せい》格《かく》が、どうせきれいにするなら徹底的《てっていてき》にきれいにしてやろうじゃないかと、気持ちをふるい立たせました。毎日、龍雲《りゅううん》から受けた勉強が終わると、柴三郎は縁側《えんがわ》にいって、ぞうきんがけに精《せい》を出す日々が始まりました。そのうち、縁側《えんがわ》をふいて、板をぴかぴかに光らせることが、楽しくてしかたがなくなってきたのです。

二年が、あっというまにたちました。その日は朝から、雪が降《ふ》っていました。しばらく前に十歳《さい》の誕生日《たんじょうび》をむかえたばかりの柴三郎は、いつものように縁側《えんがわ》にぞうきんをかけて、ごしごしとふいていました。

「もう、それ以上《いじょう》ぴかぴかにしなくても大丈夫《だいじょうぶ》ですよ。おかげさまで、わが家の縁側《えんがわ》は、どこのお殿様《とのさま》がやってきてもはずかしくないくらいきれいになりました。」

「はい。ばってん、きょうでもう、この縁側《えんがわ》をふけなくなると思うと、とても名残《なご》りおしい気になるのです。」

柴三郎はぞうきんを手に、いまや鏡《かがみ》のようにすべすべになって、チリ一つ落ちていない縁側《えんがわ》を、いとおしむようにながめました。

いったん小国《おぐに》村の実家に帰った柴三郎でしたが、ときをおかずして、今度は豊後森《ぶんごもり》（現在《げんざい》の大分《おおいた》県玖珠《くす》郡玖珠《くす》町）にある、母の実家にあずけられることになりました。

そこは久留島藩《くるしまはん》という、幕府《ばくふ》の領地《りょうち》を支配《しはい》する武士《ぶし》の家でした。講習《こうしゅう》所《じょ》といって、子どもたちに勉強と武術《ぶじゅつ》を教える場所がありました。でも、柴三郎は「他藩《たはん》の子」ということで、その集まりに参加《さんか》できませんでした。代わりに、講習所《こうしゅうじょ》の近くにある家庭塾《かていじゅく》にかよって、漢字の手習いや儒学《じゅがく》の勉強をつづけるしかありませんでした。

「どうしてですか？」

ある日、柴三郎は叔父《おじ》にききました。母の弟にあたる人です。

「わたしは将来《しょうらい》、りっぱな武士《ぶし》となって世のためにつくしたいのです。

そのためには、講習所《こうしゅうじょ》へかよって、剣《けん》や槍《やり》の腕《うで》をもっとみがかなければなりません。」

「わかっている。ばってん、他藩《たはん》の子弟《してい》を教えてはいけないという決まりがあるのだ。」

叔父《おじ》には、どうにもできない問題でした。

「とにかく、勉強をしっかりつづけなさい。」

そのまま四年近くがたちました。

柴三郎は友だちにさそわれて、講習所《こうしゅうじょ》でおこなわれる武道《ぶどう》の練習の様子を、これまでに何度、指をくわえてみてきたことでしょうか。

「もう、がまんできません。」

その日、柴三郎は叔父《おじ》の前に立って、いい放ちました。

「こぎゃん小さな藩《はん》の講習所《こうしゅうじょ》の世話になんかならんちゃ、熊本《くまもと》に帰れば、もっと大きゅうてりっぱな講習所《こうしゅうじょ》がある。長いあいだお世話になりました。わたしはもう、家に帰らせていただきます。」

それまで、一度として帰らなかった小国村《おぐに》の家に、柴三郎は十三歳《さい》になって、初《はじ》めて帰ることになったのでした。

こうした柴三郎の、一度こうと決めたら、どんなじゃまが入っても終始一貫《しゅうしいっかん》して初心《しょしん》をとおそうとする生一本《きいっぽん》な性格《せいかく》は、母の血を受けついだものと思われます。そんな柴三郎でしたから、一度志《こころざし》をかためた「りっぱな武士《ぶし》になって、世のためにつくしたい」という気持ちは、日を追うごとに強くなっていきました。

家に帰ってきた柴三郎は、父に頭を下げて願い出ました。

「これからは、武士《ぶし》の修業《しゅぎょう》に精《せい》を出そうと思います。ぜひ、熊本《くまもと》へいかせてください。」

正月を家族とすごす時間もおしんで、柴三郎は出かけました。噴煙《ふんえん》をはく阿蘇山《あそさん》を左手に、二重峠《ふたえのとうげ》と呼《よ》ばれるけわしい山道をおよそ十五時間、歩きつづけました。

こうして、熊本《くまもと》で名のある儒学者《じゅがくしゃ》の塾《じゅく》の門をたたいたのです。

「武士《ぶし》にとっては学問も大切だが、それより大切なのは武道《ぶどう》の上達《じょうたつ》だ。」

剣道《けんどう》や柔道《じゅうどう》の練習道具を肩《かた》にかついで、日々の練習に汗《あせ》を流す生活が始まりました。

それから一年あまりがたつと、幕府《ばくふ》が倒《たお》れて、時代は明治《めいじ》に変《か》わります。長かった武士《ぶし》の時代が終わりを告《つ》げて、柴三郎の将来《しょうらい》の夢《ゆめ》も破《やぶ》れてしまったのでしょうか。

いいえ。柴三郎は宣言《せんげん》しました。

「よし。将来《しょうらい》はきっと、りっぱな軍人《ぐんじん》になって世のためにつくすぞ。」

めざすは「りっぱな武士《ぶし》」から「りっぱな軍人《ぐんじん》」になっただけでした。

二　マンスフェルト先生

どうすればりっぱな軍人《ぐんじん》になれるだろう。十八歳《さい》になった一八七一（明治四《めいじ》）年の春、そのことばかり考えて進むべき道を探《さぐ》っていた柴三郎に、父がいいました。

「軍人《ぐんじん》を志《こころざ》すより、おまえは将来《しょうらい》、りっぱな医師《いし》になって、世の中につくしなさい。」

この時代、わが子の将来《しょうらい》を決める親の意見は、いまよりずっと重たかったのです。

「いいえ。わたしは軍人《ぐんじん》になるのです。軍人《ぐんじん》がだめなら政治家《せいじか》になりたい。」

そういって反発した柴三郎でしたが、父も母も首をたてにふりませんでした。

「熊本《くまもと》の医学校に入りなさい。」

いい返しても、むだでした。

「わかりました。」

仕方なく、口では両親の意見に従《したが》った柴三郎でしたが、胸《むね》の内では、学校にいって、これまで学んできたオランダ語にみがきをかければ、軍人《ぐんじん》として飛躍《ひやく》する日に役立つだろうと考えたのです。

こうして入った熊本《くまもと》医学校で師事《しじ》することになったのが、オランダの海軍からやってきていた軍医《ぐんい》、コンスタント・ゲオルグ・ファン・マンスフェルト先生でした。

医学校の寄宿舎《きしゅくしゃ》で生活を始めた柴三郎は、オランダ語がよく話せるということもあって、日本語が話せないマンスフェルト先生と、すぐに親しくなりました。

ある日、マンスフェルト先生が柴三郎にいいました。

「ちらっと耳にしたんだが。きみはこんなことを口にするのかね。医者と僧侶《そうりょ》は一人前の人間がやるような仕事ではない、などと。」

柴三郎は、悪びれずに答えました。

「たしかに、そう思っています。わたしは将来《しょうらい》、医者になるつもりはありません。」

「ほほう。ではなぜ、毎日、この学校で勉強をしているのかね？」

「親がわたしを、医者にしたいと望《のぞ》んだからです。わたしが本当になりたいのは、世の中の役に立つ軍人《ぐんじん》か政治家《せいじか》です。ここでは、そのために必要《ひつよう》な語学を学んでいるのです。」

マンスフェルト先生は、しばらくだまってから、いいました。

「軍人《ぐんじん》や政治家《せいじか》をめざすなとはいわないよ。だからといって、いまをむだにすごしてはいけない。世の中の役に立とうというのなら、医学もまた、学ぶのに価値《かち》のある学問です。」

その、いかにも自信《じしん》にみちたいい方に、柴三郎はふしぎな感銘《かんめい》を受けました。先生は医者という職業《しょくぎょう》に、大きな誇《ほこ》りをもっているのです。

柴三郎は、返事ができませんでした。

一か月ほどがたちました。

その日は組織《そしき》学の実習があって、柴三郎たちは、顕微鏡《けんびきょう》をのぞくことになりました。

小さなプレートの上に、標本《ひょうほん》として用意された動物の細胞《さいぼう》のサンプルをのせて、柴三郎は顕微鏡《けんびきょう》をのぞきこみました。

丸くふちどりされた顕微鏡《けんびきょう》下の世界には、これまでにみたこともない、あやしげな何かが、点々と広がっています。

「おお、これは。」

何と幻想的《げんそうてき》な散《ち》らばり方をしているのでしょうか。宇宙《うちゅう》の星くずのようにもみえます。

「きれいですね。」

「これが、命を形作っている組織《そしき》だよ。」

頭の後ろから、マンスフェルト先生の声がきこえます。

「心が引きこまれるような気になります。」

「なるほど。気に入ったようだね。」

柴三郎は感動していました。医学とは、いったいどんな学問なのでしょうか。ここにきてがぜん、興味《きょうみ》がわいてきたのです。

「先生、わたしは医学を、もっと勉強したくなってきました。」

卒業《そつぎょう》がせまってきたある日、柴三郎はあらためて、マンスフェルト先生のもとにいって、自分の気持ちを伝《つた》えました

「そうか。それはよかった。」

ほっとしたように答えた先生は、つづいてこう助言してくれたのです。

「きょうまでの勉強は、医学のほんの入口にすぎない。本気で医学を学びたいなら、東京の学校へいきなさい。それから、医学の本場であるヨーロッパへ留学《りゅうがく》することです。」


一八七四（明治《めいじ》七）年十一月、二十一歳《さい》になっていた柴三郎は、後に東京大学医学部と名称《めいしょう》を改《あらた》める東京医学校へ入学しました。

このころから柴三郎は、病気の原因《げんいん》というものは、肉眼《にくがん》ではみえなくても、顕微鏡《けんびきょう》をとおしたらみえる何かがもたらしているのかもしれない、と考えるようになっていました。

明治《めいじ》という新しい時代が始まって、一区切りがつく一八七七(明治《めいじ》十)年には、西南戦争《せいなんせんそう》が起きました。

このとき、鹿児島《かごしま》の戦線で、致死率《ちしりつ》六〇パーセント以上《いじょう》という、おそろしい伝染病《でんせんびょう》のコレラが発生しました。その病原菌《びょうげんきん》を帰還兵《きかんへい》が故郷《こきょう》にもち帰る形で、コレラは全国的《ぜんこくてき》に流行の広がりをみせたのです。

そのころ、「男子たる者、雄弁《ゆうべん》に天下国家を論《ろん》じなければならない」というスローガンのもとに、十数人の学生を集めて「同盟社」という血気盛《さか》んな弁論結社《べんろんけっしゃ》を作っていた柴三郎は、毎週土曜日に演説会《えんぜつかい》をひらいて、多くの人たちの注目をあびていました。

「コレラ、赤痢《せきり》、腸《ちょう》チフスなど、いまだに治療法《ちりょうほう》のみつからない伝染病《でんせんびょう》は、あっというまに何千、何万という人々の命をうばいとっていく。こうした伝染病《でんせんびょう》の脅威《きょうい》に対して、学生である自分は何をすればいいのだろう？」

そんな思いにかられた柴三郎は翌年《よくねん》四月、『医道論《いどうろん》』という独自《どくじ》の考えを盛《も》りこんだ演説《えんぜつ》用の原稿《げんこう》をまとめました。

医

そこには、「医の基本《きほん》は予防《よぼう》にある」という医者としての信念《しんねん》と、「学問の成果《せいか》は広く国民《こくみん》の幸福のために用いられなければならない」という主張《しゅちょう》がこめられていました。「将来《しょうらい》、伝染病《でんせんびょう》は必《かなら》ずわが手で撲滅《ぼくめつ》してやる」という柴三郎の決意表明でもありました。

一八八三（明治《めいじ》十六）年四月、三十歳《さい》になった柴三郎は、のちに日銀《にちぎん》総裁《そうさい》になる松尾臣善《まつおしげよし》の娘・淲《とら》と結婚《けっこん》しました。淲《とら》は柴三郎より十四歳《さい》も年下で、まだ十六歳《さい》でした。

「いよいよ、大学を卒業《そつぎょう》して、生活のために仕事につかなければならない。」

柴三郎は新妻《にいづま》の淲《とら》に話します。

「卒業生《そつぎょうせい》の多くは、卒業《そつぎょう》と同時に各地《かくち》の県立病院の院長にでもなれば、月給《げっきゅう》は二百円くらいもらえるみたいだ。」

現在《げんざい》のお金にすると、五十万円前後といったところでしょうか。

「だが、おれは将来《しょうらい》、伝染病《でんせんびょう》を制圧《せいあつ》して国民《こくみん》の幸福のために働《はたら》きたい。」

頭の中に、マンスフェルト先生が口にした「ヨーロッパへ留学《りゅうがく》することです」という言葉がよみがえりました。

「そのためには公衆衛生《こうしゅうえいせい》を学び、今後、海外での修業《しゅぎょう》の機会が得《え》られる内務省《ないむしょう》の衛生局《えいせいきょく》に入りたいと考えている。給料《きゅうりょう》は病院長の三分の一ほどにしかならないが、それでもついてきてくれるだろうか。」

「もちろん。それがあなたのお望《のぞ》みなら。」

幃《とら》は、まだあどけないといってもよいくらいの顔つきをしていましたが、芯《しん》ははがねのように強く、気丈《きじょう》な女性《じょせい》でした。

この年の四月、東京大学医学部を「二十六人中八番」という成績《せいせき》で卒《そつ》業《ぎょう》した柴三郎は、内務省《ないむしょう》（いまでいう総務省《そうむしょう》、厚生労働省《こうせいろうどうしょう》などにあたる）衛生局《えいせいきょく》の職員《しょくいん》になりました。

最初《さいしょ》は照査課《しょうさか》というところで、外国語、とくにドイツ語で書かれた文献《ぶんけん》を日本語に訳《やく》す仕事につきました。

そうした文献《ぶんけん》の中に、「ハエが寄生虫《きせいちゅう》の卵《たまご》を運んでいる」といった内容《ない よう》の論文《ろんぶん》がありました。これを読んだ柴三郎は、もしかしたらコレラ、赤痢《せきり》、腸《ちょう》チフスといった伝染病《でんせんびょう》のばい菌《きん》も、ハエによって運ばれているのではないだろうか、と思いつきました。

柴三郎が医学者として初《はじ》めて書いた論文《ろんぶん》のテーマは「アオバエが伝染《でんせん》病《びょう》の病毒《びょうどく》をなかだちしている」といったものでした。いまでは常識《じょうしき》といってもよいその考え方に、柴三郎は早くも気がついていたのです。

一八八五（明治《めいじ》十八）年二月、柴三郎は東京試験所《しけんじょ》というところで緒《お》方正規《がたまさのり》という人の助手となり、細菌学《さいきんがく》の研究を始めました。

緒方《おがた》は熊本《くまもと》医学校時代に、柴三郎と机《つくえ》をならべた仲間《なかま》でした。しかし、柴三郎より早く医学校をやめて上京しており、一八八〇（明治《めいじ》十三）年には東京大学医学部を卒業《そつぎょう》し、翌年《よくとし》には内務省《ないむしょう》の職員《しょくいん》となって、ドイツへの留学《りゅうがく》をはたしていました。

「またお会いしましたね、北里くん。」

「お元気そうで何よりです、緒方《おがた》くん。」

柴三郎は緒方《おがた》の指導《しどう》のもとに、細菌学《さいきんがく》の初歩《しょほ》の勉強にとりかかりました。

そんな折《おり》、長崎《ながさき》でまたもやコレラが発生して、流行のきざしをみせました。

コレラの病原体は、のちに柴三郎の最大《さいだい》の恩師《おんし》になるドイツの細菌学《さいきんがく》者、ローベルト・コッホがインドで発見して、一八八四年に論文《ろんぶん》が発表されたばかりでした。

それを読んでいた柴三郎は、コレラの調査《ちょうさ》のために長崎《ながさき》に出張《しゅっちょう》して手に入れた患者《かんじゃ》の便《べん》から、日本人としては初《はじ》めてコレラ菌《きん》をみわけて、その純粋培養《じゅんすいばいよう》に成功《せいこう》したのです。

純粋培養《じゅんすいばいよう》とは、多くのばい菌《きん》、雑菌《ざっきん》の中から、目的《もくてき》の病原菌《びょうげんきん》だけをとり出して、人工的《じんこうてき》に育てることです。細菌学《さいきんがく》の研究においてはとても重要《じゅうよう》で、必要《ひつよう》とされる技術《ぎじゅつ》でした。

「すばらしい成果《せいか》ではないか。」

こういって、柴三郎の細菌《さいきん》学者としての才能《さいのう》をみぬいたのは、そのころ内務省衛生局《ないむしょうえいせいきょく》の局長をしていた長与専斎《ながよせんさい》という人でした。

「この男なら、次回のドイツ留学生候補《りゅうがくせいこうほ》として、国にすすめてもいいだろう。」

かつてマンスフェルト先生が口にした「ヨーロッパへ留学《りゅうがく》する」という言葉が、ここにきて現実味《げんじつみ》をおびてきたのです。

三 ドイツへ留学《りゅうがく》

柴三郎が内務省《ないむしょう》より、ドイツへ三年間の留学《りゅうがく》を命じられたのは、一八八五（明治《めいじ》十八）年の十一月でした。

それまで、内務省《ないむしょう》がドイツへ送る留学生《りゅうがくせい》として予定していたのは、石川《いしかわ》県の金沢《かなざわ》で医学校の校長をしており、病院長でもあった中浜東一郎《なかはまとういちろう》という人でした。中浜《なかはま》は江戸《えど》時代後期、漁船がしずんで救助《きゅうじょ》された船でアメリカへわたり、すぐれた教育を受けて十年後に日本に帰ってきた「開国の風雲児」ジョン万次郎《まんじろう》の長男でした。

「もう一人、ドイツへの留学《りゅうがく》をどうしても実現《じつげん》させてやりたい男がいるのです。」

ときの内務大臣《ないむだいじん》・山縣有朋《やまがたありとも》に、こう相談をもちかけたのは、内務省衛生局長《ないむしょうえいせいきょくちょう》・長与専斎《ながよせんさい》でした。

「北里という職員《しょくいん》は、それほど将来《しょうらい》を期待できるといい切れるのですか?」

長与《ながよ》は、胸《むね》をはって答えました。

「彼《かれ》をドイツへ送ることをいまためらえば、わが国にとって大きな損失《そんしつ》になるでしょう。」

その一言が、山縣《やまがた》の背《せ》をおしました。

「わかりました。では今回にかぎり、わが内務省《ないむしょう》は特別《とくべつ》に、中浜《なかはま》くんと北里くんの両名をドイツに留学《りゅうがく》させることにしよう。」

こうして、中浜《なかはま》は衛生学《えいせいがく》の権威《けんい》、ミュンヘン大学のペッテンコーフェル教授《きょうじゅ》のもとへ、柴三郎はベルリン大学衛生《えいせい》研究所のローベルト・コッホ所長のもとへ、それぞれ送られることになったのです。

柴三郎より十歳《さい》年上のコッホは、一八四三年にドイツで生まれました。細菌《さいきん》学者として炭疽菌《たんそきん》、コレラ菌《きん》、結核菌《けっかくきん》などを発見し、結核菌《けっかくきん》からはツベルクリンによる検査技術《けんさぎじゅつ》の基礎《きそ》をかためました。また、長年の研究の末《すえ》に「コッホの三要件《ようけん》」という原則《げんそく》を確立《かくりつ》したことは、有名です。

これは、コレラや赤痢《せきり》などの伝染病《でんせんびょう》の病原菌《びょうげんきん》を特定《とくてい》するために、欠かしてはならない必要《ひつよう》な条件《じょうけん》を、以下《いか》の三つに定めたものです。

① ある伝染病《でんせんびょう》には、顕微鏡《けんびきょう》でみて同じ病原菌《びょうげんきん》がみつかり、その病《びょう》原菌《げんきん》は、健康《けんこう》な人や他の伝染病患者《でんせんびょうかんじゃ》にはみつからないこと。

② 患者《かんじゃ》から体外に取り出した、その病原菌《びょうげんきん》だけを純粋培養《じゅんすいばいよう》できること。

③ 純粋培養《じゅんすいばいよう》した病原菌《びょうげんきん》を他の動物にうつすと、同じ病気にかかること。

1
g
K
p
2
3

柴三郎が特《とく》に「そのとおり」だと思い、自らもそれにならったコッホの考え方は、次のようなものでした。

「学問は、きこえのよい上品なことばかりを追いかけて研究して、自分だけの満足《まんぞく》で終わってしまってはいけない。あくまでも人類《じんるい》の幸福のためにつくすことこそ、学者や研究者がもともと志《こころざ》すべき仕事なのだ。」

一八八六（明治《めいじ》十九）年一月、船と鉄道を乗りついだ長旅の末《すえ》、ベルリンに着いた柴三郎は、学生時代からあこがれの的《まと》だったコッホと対面することになりました。

「初《はじ》めまして。わたしは日本からまいりました、留学生《りゅうがくせい》の北里と申します。」

柴三郎がきんちょうしながら、ドイツ語でそうあいさつをすると、コッホはやさしげな笑《え》みをたたえて、応《おう》じました。

「初《はじ》めまして、北里くん。きみのドイツ語はすばらしい。いまからきみは、わたしの門下生だ。しっかり勉強してくれたまえ。」

「どうぞよろしくお願いします。」

尊敬《そんけい》するコッホへの師事《しじ》をゆるされた柴三郎は、その日から昼も夜も一心不乱《いっしんふらん》に、細菌学《さいきんがく》の研究にとり組みました。

「こんどコッホ先生のもとにやってきた北里という東洋人だがね、毎日、朝早くから夜おそくまで研究室にとじこもりきりで、家に帰らない日もめずらしくないそうだ。」

「日本という小さな島国からきた留学生《りゅうがくせい》だろう。それにしてはドイツ語がペラペラで、われわれドイツ人からみても、彼《かれ》ほどの勉強家はいないような気がするぞ。」

うわさ話が、同じ研究室の研究者仲間《なかま》たちのあいだでも、とびかうようになりました。

柴三郎はコッホの指示《しじ》で、コレラ菌《きん》や腸《ちょう》チフス菌《きん》がどんな性質《せいしつ》をもった病原菌《びょうげんきん》なのか、どうすれば純粋培養《じゅんすいばいよう》できるか、治療方法《ちりょうほうほう》はあるのか、といった研究を、いくつもの実験《じっけん》をとおして進めていきました。

そうした日々を送っているとき、柴三郎の目を引いたのは、オランダのペーケルハーリングという病理学者が発表した、ある論文《ろんぶん》でした。そこには「脚気《かっけ》を引き起こす脚気菌《かっけきん》を発見した」と書いてありました。

脚気《かっけ》とは、いまではビタミンB１が足りなくなることで、末梢神経《まっしょうしんけい》や心臓《しんぞう》に大きな負担《ふたん》がかかる病気だということが、よく知られています。伝染病《でんせんびょう》などでは、決してありません。しかし、当時の医学界で脚気《かっけ》は、原因《げんいん》不明のおそろしい病気だったのです。

柴三郎は思い起こしました。ドイツへやってくる前年の四月のことでした。

「内務省《ないむしょう》の東京試験所《しけんじょ》で、おれに細菌学《さいきんがく》の基礎《きそ》の基礎《きそ》を教えてくれた緒《お》方正規《がたまさのり》が、脚気《かっけ》は脚気菌《かっけきん》によって引き起こされる伝染病《でんせんびょう》にちがいないと発表していたっけ……」

ところがいま、柴三郎は「脚気菌《かっけきん》」という言葉にあやしい違和感《いわかん》をいだいていたのです。

「何か気にかかることでもあるのかね？」

先輩《せんぱい》の研究者で、コッホの高弟《こうてい》でもあるフリードリヒ・レフレルがききました。

「はい。じつはこの論文《ろんぶん》ですが。」

ペーケルハーリングの論文《ろんぶん》の写しを手にしながら、柴三郎は答えます。

「脚気菌《かっけきん》の発見を裏《うら》づけるために必要《ひつよう》な、コッホ先生の三要件《ようけん》が満《み》たされていません。」

「ふむふむ。ということは？」

「この論文《ろんぶん》には無理《むり》があると思います。」

「だったら、反論《はんろん》すべきではないのかな。」

「ええ。しかし……」

柴三郎は少し口ごもりながらつづけます。

「この脚気菌説《かっけきんせつ》を最初《さいしょ》に発表したのは、日本のわたしの恩師《おんし》、緒方正規《おがたまさのり》でした。」

レフレルは緒方《おがた》をよく知っていました。かつて緒方《おがた》がこの研究所に留《りゅう》学生《がくせい》としてきたとき、国外へいって不在《ふざい》だったコッホの代わりに指導《しどう》したのが、レフレルだったからです。

「そうか。きみは緒方《おがた》くんのすすめで、この研究室にきたんだったね。」

「はい。緒方《おがた》はわたしの恩人《おんじん》です。わたしがいま、ペーケルハーリングの論文《ろんぶん》に異議《いぎ》をとなえたら、それはそのまま、恩人《おんじん》の顔にどろをぬることになりませんか？」

レフレルは、首を横にふっていいました。

「北里くん。学問にえんりょや同情《どうじょう》はいらない。正しいことを正しいと主張《しゅちょう》し、まちがっていることはまちがっていると断《だん》じることが、学問にとっては大切なんだよ。」

柴三郎に、返す言葉はありませんでした。

こうして柴三郎は、ペーケルハーリングの「脚気菌発見《かっけきんはっけん》」に疑問《ぎもん》をとなえる論文《ろんぶん》を、ドイツで細菌学《さいきんがく》を専門《せんもん》にあつかう医学雑誌《ざっし》に発表しました。また、ペーケルハーリングにたのんで、彼《かれ》が主張《しゅちょう》する「脚気菌《かっけきん》」とやらを、オランダから研究所に送ってもらいました。

「じっくり調べてみます。」

あらゆる角度からくわしく実験《じっけん》してたしかめたところ、それはやはり柴三郎が疑問《ぎもん》をいだいたとおり、脚気菌《かっけきん》などではなく、だれもがよく知っている種類《しゅるい》の菌《きん》だったのです。

「よくやったね、北里くん。」

報告《ほうこく》を受けたコッホはそういって、柴三郎の学者としての勇気をほめました。

その後、ペーケルハーリングも、自分が発見したと思った脚気菌《かっけきん》は、じつはべつの細菌《さいきん》だったことを認《みと》めました。

しかし、当時の日本の医学界は、レフレルが柴三郎にさとしたような進んだ考えは、まだもっていませんでした。

「北里のやつめ、恩知《おん》らずにもほどがある。いろいろと世話になった恩《おん》師《し》のとなえた説《せつ》を真っ向から否定《ひてい》するなんて、考えられない。」

非難《ひなん》の声がとびかいました。そのころ、同じく留学生《りゅうがくせい》としてベルリンにやってきていた、のちの大作家・森鷗外《もりおうがい》（林太郎《りんたろう》）も、柴三郎のことをきびしく非難《ひなん》しました。

こうして柴三郎は、ドイツ留学《りゅうがく》のために骨《ほね》を折《お》ってくれた緒方《おがた》のとなえた「脚気菌《かっけきん》」説《せつ》を根本から否定《ひてい》することになり、緒方《おがた》を背後《はいご》から支《ささ》えていた東大医学部とも、対立することになってしまったのです。

時間は矢のようにすぎていきます。内務省《ないむしょう》からもらっていた予定の三年間が、そろそろあと一年ほどになってきたある日、コッホが柴三郎にいいました。

「北里くん、きみのわが研究所での研究態度《たいど》はみあげたものだ。来年いっぱいで留学《りゅうがく》の期限《きげん》がくるが、わたしとしてはきみに三年といわず、もっとこの研究所にいてほしい。」

「ありがとうございます。わたしのほうも、先生からもっと多くを学びたい。たった三年くらいで帰国するわけにはいきません。」

「わたしはドイツ国民《こくみん》の命を支《ささ》える杖《つえ》となって、細菌学《さいきんがく》を向上させたいと、いつも思っているんだ。それをきみにも伝《つた》えたい。」

「わたしも先生にならって、日本国民《こくみん》の命を支《ささ》える杖《つえ》になって帰国できればと思います。」

いまや柴三郎は、コッホにとってなくてはならない研究助手になっていました。柴三郎もまた、この二年あまりでようやく軌道《きどう》にのってきた細菌学《さいきんがく》の研究に一層《いっそう》みがきをかけるためには、あと一年で帰国するわけにはとてもいかなくなっていたのです。

柴三郎はその日から、内務省《ないむしょう》の長与衛生局長《ながよえいせいきょくちょう》にあてて「留学《りゅうがく》期間の延《えん》期《き》のお願い」を書いた手紙を、何通も出し始めました。

こうしたコッホとの、おたがいの信頼《しんらい》で結《むす》びついた「師匠《ししょう》と弟子」の強い絆《きずな》が、柴三郎の運命を変《か》えました。一八八八（明治《めいじ》二十一）年五月、柴三郎は内務省《ないむしょう》から「さらに二年間の留学《りゅうがく》を許可《きょか》する」と記した手紙を受けとることができたのです。

四 破傷風菌《はしょうふうきん》を制圧《せいあつ》

留学《りゅうがく》の期間がさらに二年のびて、柴三郎がとり組むことになったテーマは、破傷風菌《はしょうふうきん》の純粋培養《じゅんすいばいよう》でした。純粋培養《じゅんすいばいよう》とは、多くのばい菌《きん》、雑菌《ざっきん》の中から、目的《もくてき》の病原菌《びょうげんきん》だけをとり出して、人工的《じんこうてき》に育てることです。

破傷風菌《はしょうふうきん》は、土の中に生息しています。人や動物の傷口《きずぐち》から体内に入ると、神経《しんけい》をおかす強力な毒素《どくそ》を出して、致死率《ちしりつ》は七割以上《わりいじょう》ともいわれるおそろしい病気です。

「これまでにこの菌《きん》を、研究室で純粋培養《じゅんすいばいよう》できた者はいない。北里くん、どうだね？」

コッホのさそいの言葉に、柴三郎の目がかがやきました。

「もちろんです。やらせてください、先生。」

顕微鏡《けんびきょう》でのぞくと、破傷風菌《はしょうふうきん》がどんな大きさをした、どんな形の菌《きん》であるかは、それまでの研究で知られていました。しかし、いわゆる「コッホの三要件《ようけん》」の一つである「その病原菌《びょうげんきん》だけを純粋培養《じゅんすいばいよう》」することができないとなると、それをとなえたコッホ自身の名誉《めいよ》にもかかわる問題になってくるのです。

そのころ、こんなふうに主張《しゅちょう》している細菌学者《さいきん》もいました。

「破傷風菌《はしょうふうきん》は、いつもほかの菌《きん》といっしょになっていなければ生きていけない。それだけをとり出すことはできない特別《とくべつ》な菌《きん》なのさ。」

「しかし先生。」

柴三郎はコッホにいいました。

「わたしは先生のとなえた三要件《ようけん》はぜったいだと思っています。例外《れいがい》があるとしたら、三要件《ようけん》そのものがあやしくなってしまいます。」

コッホの顔色が変《か》わりました。

それからの柴三郎は、朝も昼も夜も、研究室にとじこもり切りの生活がつづきました。

「少し体を休めたほうがいいのではないか。」

さすがのコッホもみかねて、そう声をかけるのですが、柴三郎は笑《わら》って答えます。

「大丈夫《だいじょうぶ》です。ありがとうございます。」

何度も失敗《しっぱい》を重ねた末《すえ》、破傷風菌《はしょうふうきん》は他の菌《きん》にくらべて「熱《ねつ》に強い」ことと、「空気があるところでは生きられない」ことに、柴三郎は気がつきました。

「破傷風菌《はしょうふうきん》にまとわりついている他の菌《きん》は、熱《ねつ》で殺《ころ》せばいい。純粋培養《じゅんすいばいよう》するためには、空気のない環境《かんきょう》を作ってみよう。」

柴三郎は「亀《かめ》の子シャーレ」という、実験《じっけん》用のガラス容器《ようき》を考案《こうあん》しま

した。そこに水素《すいそ》を送りこめば、空気（酸素《さんそ》）がぬけて、理想の環境《かんきょう》が作り出せるのです。

「水素《すいそ》が爆発《ばくはつ》しないように、気をつけなければいけないが……」

柴三郎は、破傷風菌《はしょうふうきん》を高熱《こうねつ》にさらして、まとわりついている他の雑《ざっ》菌《きん》をすべてとりのぞくと、まだ生き残っている破傷風菌《はしょうふうきん》だけを亀《かめ》の子シャーレに移《うつ》しました。こうして、純粋培養《じゅんすいばいよう》に成功《せいこう》したのです。コッホから提案《ていあん》を受けてから、約《やく》一年後の快挙《かいきょ》でした。

世界で初《はじ》めて成功《せいこう》した破傷風菌《はしょうふうきん》の純粋培養《じゅんすいばいよう》でしたが、それが世の中、つまりは患者《かんじゃ》の治療《ちりょう》に役立たなければ意味がない、というコッホの教えに従《したが》って、柴三郎はさっそく実験《じっけん》を次のステップに進めました。

破傷風菌《はしょうふうきん》は傷口《きずぐち》では増《ふ》えるけれど、菌《きん》そのものが全身に広がることは、ほとんどありません。それなのに症状《しょうじょう》は、まるで毒物《どくぶつ》におかされたように全身にひろがるのです。そこで、破傷風《はしょうふう》を引き起こすのは、破傷風菌《はしょうふうきん》が生み出している毒素《どくそ》のせいにちがいないと、柴三郎は考えました。

毒素《どくそ》の正体が明らかになれば、治療法《ちりょうほう》や予防法《よぼうほう》も定まります。そこで柴三郎は、破傷風菌《はしょうふうきん》と、菌《きん》が出している毒素《どくそ》を分離《ぶんり》する「北里式細菌《さいきん》ろか器」と、その毒素《どくそ》をネズミの体内に確実《かくじつ》に移《うつ》すための「北里式ネズミ固定器《こていき》」を発明して、実験《じっけん》を重ねました。

「破傷風《はしょうふう》は、菌《きん》が生み出す毒素《どくそ》によって引き起こされることが、これではっきりしたぞ。」

次に柴三郎がとりかかったのは、どうしたら破傷風《はしょうふう》を治療《ちりょう》できるかという問題でした。

「毒素《どくそ》をやっつける物質《ぶっしつ》はないものか？」

さらに数か月の実験《じっけん》を重ねた末《すえ》、柴三郎がみつけたのは、破傷風《はしょうふう》にかかって生き残ったネズミの血清中《けっせいちゅう》に生まれた新物質《しんぶっしつ》でした。血清《けっせい》とは、血液《けつえき》がかたまったときにできる「上ずみ」にあたる液体《えきたい》のことです。

「おお、この血清中《けっせいちゅう》の新物質《しんぶっしつ》こそ、破傷風菌《はしょうふうきん》の毒素《どくそ》を退治《たいじ》しようとして働《はたら》いているではないか。」

柴三郎はそれを、毒素《どくそ》に対抗《たいこう》するという意味から「抗毒素《こうどくそ》」と名づけました。これも、柴三郎が発見した世界初《はつ》の偉業《いぎょう》でした。

この報告《ほうこく》をきいたコッホは、目を丸くしておどろき、よろこびました。

「すばらしい発見だよ、北里くん。この研究をさらにきわめるために、きみにぜひ紹介《しょうかい》したい男がいるのだが。」

柴三郎より三年ほどおくれて研究所にやってきたこの人は、エミール・フォン・ベーリングといいました。ドイツの細菌《さいきん》学者でした。

「初《はじ》めまして北里さん。わたしはいま、ジフテリアの研究をしています。ジフテリアにも抗毒素《こうどくそ》のようなものが生まれるはずだと、わたしはずっと思っているのです。」

ジフテリアは、ジフテリア菌《きん》が生み出す毒素《どくそ》によって引き起こされるのどの病気です。この時代は、多くの子どもたちが犠牲《ぎせい》になっているにくむべき伝染病《でんせんびょう》でした。

「こちらこそ、どうぞよろしく。」

二人はかたいあく手をかわしました。

まもなく、破傷風《はしょうふう》とジフテリアは、それぞれの血清《けっせい》に生じている抗毒《こうどく》素《そ》を利用《りよう》することで、免疫《めんえき》と治療《ちりょう》が可能《かのう》となる「血清療法《けっせいりょうほう》」が世界に向けて発表され、確立《かくりつ》したのです。


柴三郎とベーリングが、人類《じんるい》をなやませていた破傷風《はしょうふう》とジフテリアという難病《なんびょう》を制圧《せいあつ》したニュースは、世界中をかけめぐりました。

いちやく、世界でも指折《ゆびお》りの医学者として有名になった柴三郎でしたが、合わせて五年という約束《やくそく》だった留学《りゅうがく》期間は、そろそろ終わりに近づいていました。

その年の八月、ベルリンに世界の医学者、研究者らが集まる第十回万国医学会がひらかれました。柴三郎はコッホとともに参加《さんか》したのですが、そこでコッホがおどろくべき発言をしたことで、柴三郎の留学《りゅうがく》期間が、さらに一年ほどのばされるきっかけになります。

コッホは講演会《こうえんかい》で、こういったのです。

「わたしはこのほど、結核《けっかく》の治療薬《ちりょうやく》として期待のもてる物質《ぶっしつ》を発見しました。いまはまだ実験中《じっけんちゅう》ですが、近々、発表できそうです。」

結核《けっかく》はそれまでずっと、かかったら治《なお》すことができない「不治《ふじ》の病《やまい》」と呼《よ》ばれていました。ところが、かつて結核菌《けっかくきん》を発見したコッホその人がこのようにもらしたのですから、これはビッグニュースです。

世界各地から多くの報道陣《ほうどうじん》が、コッホのもとにやってきました。コッホは結核《けっかく》の新治療薬《ちりょうやく》を「ツベルクリン」と名づけて、「結核菌《けっかくきん》の培養液《ばいようえき》からとり出したものだ」と説明《せつめい》しました。しかし、ツベルクリンはまだ、研究が始まったばかりだったのです。

「うっかり口をすべらせてしまったが、これからこえていかなければならないハードルがいくつもある。北里くんは今年いっぱいで、本当に日本に帰ってしまうのかね。」

そうたずねてくるコッホの顔は、どこか心細そうでした。

「わたしとしても、ここに残って先生の研究のお手伝《てつだ》いをしたいです。でも、留学期間《りゅうがくきかん》は一度のばしてもらっていますから、さらにのばしてもらうというのは、なかなか……。」

「うーむ。何とかならんものかねえ。」

柴三郎を助手としてたよりにしているコッホの気持ちが、痛《いた》いほど伝《つた》わってきました。

秋も深まって、ドイツをはなれなければならない日が、どんどん近づいてきました。そんなある日、きせきが起きたのです。それは、日本からの一通の電報《でんぽう》でした。

皇室《こうしつ》を担当《たんとう》する大臣《だいじん》が、こう伝《つた》えてきたのです。

〈ドイツ留学中《りゅうがくちゅう》の北里柴三郎どの。現在《げんざい》そちらで結核《けっかく》の治療法《ちりょうほう》を研究中ときくが、せまってきた留学期限《りゅうがくきげん》をさらに一年のばして研究をつづけてもらいたく、皇室《こうしつ》から学資金《がくしきん》として一千円があたえられることになった。〉

当時の「一千円」は、いまでいえば乗用車が一台買えるくらいの額《がく》になるでしょう。

しかも、そのお金は、ときの明治天皇《めいじてんのう》からいただくことになったのです。柴三郎のよろこびようは、並《なみ》たいていではありませんでした。

「これでもう一年、コッホ先生のお手伝《てつだ》いができる。天に感謝《かんしゃ》だ。」

柴三郎はコッホの右腕《みぎうで》として、ツベルクリンの研究にまい進しました。その後明らかになっていくのですが、ツベルクリンは、コッホや柴三郎が期待したような結核《けっかく》の特効薬《とっこうやく》にはなりませんでした。ツベルクリンを注射《ちゅうしゃ》することで、小さなアレルギー反応《はんのう》が起きて、その人が結核《けっかく》にかかっているかどうかを判断《はんだん》する予防法《よぼうほう》になったのが、せめてもの救《すく》いでした。

まもなくコッホは、ベルリンに新しい研究所を建《た》てることにしました。建設《けんせつ》が始まったある日、柴三郎はイギリスのケンブリッジ大学から一通の手紙を受けとりました。こう書いてありました。

〈このほど、わが大学内に細菌学《さいきんがく》研究所を開設《かいせつ》することになりました。北里先生に所長としておいでいただけませんでしょうか。〉

ケンブリッジ大学といえば、中世からの長い伝統《でんとう》をもつ、イギリスだけではなく世界でも指折《お》りの名門私立大学です。しかも、破格《はかく》の待遇《たいぐう》であることが記されていました。

「こんなさそいを受けたら、細菌《さいきん》学者ならだれもが、やった、とばかりに応《おう》じるだろうな。」

柴三郎はつぶやいてから、すぐに返信《へんしん》の手紙を書きました。

〈留学《りゅうがく》期間が終われば、わたしは祖国《そこく》日本に帰って、わたしの留学《りゅうがく》を支《ささ》え、力になってくれた国家に恩返《おんがえ》ししなければなりません。その気持ちは、みじんもゆらぎません。〉

その後も同じような招《まね》きが、アメリカやヨーロッパ各国の大学や研究所から寄《よ》せられました。しかし柴三郎は、「国からお金をいただいて留《りゅう》学《がく》した目的《もくてき》は、日本のまだこれからという医療体制《いりょうたいせい》の改善《かいぜん》と、伝染病《でんせんびょう》の脅威《きょうい》から国家国民《こくみん》を救《すく》うことにあります」といって、すべてのさそいをかたく断《ことわ》ったのです。

五 伝染病《でんせんびょう》研究所の設立《せつりつ》

柴三郎がおよそ六年間のドイツ留学《りゅうがく》を終えて、フランス、イギリス、アメリカ三か国の衛生環境《えいせいかんきょう》を視察《しさつ》した末《すえ》、日本に帰ってきたのは一八九二（明治《めいじ》二十五）年五月でした。

留学中《りゅうがくちゅう》は、世界的《せかいてき》な細菌《さいきん》学者であるコッホの直接指導《ちょくせつしどう》を受けたばかりではありません。破傷風菌《はしょうふうきん》の純粋培養《じゅんすいばいよう》に世界で初《はじ》めて成功《せいこう》し、その抗毒素《こうどくそ》も発見して、同僚《どうりょう》のベーリングとともに、破傷風《はしょうふう》とジフテリアの血清《けっせい》療法《りょうほう》を確立《かくりつ》したことは、人類《じんるい》にとっての偉業《いぎょう》でした。

妻《つま》の乕《とら》をはじめとして、多くの友人、知人たちが、長く待ちわびていた柴三郎の帰国を心から歓迎《かんげい》してくれました。

ところが、もどってきた職場《しょくば》の内《ない》務省《むしょう》ではばをきかせる、母校・東大医学部の流れをくむ学者や研究者たちは、手のひらを返すように冷《つめ》たい態度《たいど》で柴三郎をむかえたのです。

「北里が帰ってきたか。あの恩《おん》知らずめ、緒方《おがた》先生は、どれほど傷《きず》つけられたことか。」

「緒方《おがた》先生がいなければ、彼《かれ》はドイツに留学《りゅうがく》なんかできなかったわけでしょ。その恩人《おんじん》がとなえた説《せつ》を、根本からひっくり返したんだ。」

緒方《おがた》先生とは、柴三郎の熊本《くまもと》医学

校時代に仲間《なかま》だった細菌《さいきん》学者・緒方《おがた》正規《まさのり》のことです。柴三郎をドイツに留学《りゅうがく》させるために、さまざまな形で力を貸《か》してくれました。

柴三郎はドイツ留学中《りゅうがくちゅう》、緒方《おがた》がすでに発表していた「脚気《かっけ》は脚気菌《かっけきん》によって引き起こされる」という説《せつ》のまちがいに気がついて、これに反論《はんろん》する論文《ろんぶん》を発表していました。

もちろん、緒方《おがた》への恩《おん》を忘《わす》れていたからではありません。真実をきわめようとする学者としての立場が、そうさせたのです。その後の医学界

でも、柴三郎の反論《はんろん》は正しかったことが証明《しょうめい》されます。

しかし、当時の日本社会は、学問の発展《はってん》より、人間関係《かんけい》を大切にするほうに重きをおいていました。古い体質《たいしつ》からぬけ出すことが、できていなかったのです。

「それでいま、北里は何をしているんだ？」

「内務省《ないむしょう》には研究室がなくて、自宅《じたく》でぶらぶらしているみたいです。」

こうした東大医学部の教授《きょうじゅ》たちの会話を耳にはさんだのが、柴三郎をドイツ留学《りゅうがく》へ送りこんだもうひとりの恩人《おんじん》・長与専斎《ながよせんさい》でした。

長与《ながよ》はこのとき、内務省衛生局長《ないむしょうえいせいきょくちょう》をやめていましたが、日本の衛生学《えいせいがく》界《かい》の重要《じゅうよう》人物として、はば広い活躍《かつやく》をしていました。

「日本に帰ってきた北里くんだが、この数か月、ほとんど内務省《ないむしょう》に顔を出さないで、家に引きこもっているみたいなんだ。」

きいているのは長与《ながよ》の友人で、明治《めいじ》の啓蒙思想家《けいもうしそうか》として知られる福沢《ふくざわ》諭吉《ゆきち》でした。福沢《ふくざわ》は「天は人の上に人をつくらず、人の下に人をつくらず」の名言から始まる『学問のすすめ』や、慶應義塾《けいおうぎじゅく》大学の創設《そうせつ》などで知られています。その福沢《ふくざわ》が、首をかしげました。

「引きこもっているって、あの世界的《せかいてき》な業績《ぎょうせき》を残した男が、いったいなぜ？」

「彼《かれ》としては、ドイツで学んできた細菌《さいきん》学の研究をさらにつづけたいはずだ。帰ってきたころは、伝染病《でんせんびょう》を専門《せんもん》にあつかう医学研究機関《きかん》の設立《せつりつ》を、政府《せいふ》に願い出ていたんだが。」

そのころの日本は、富国強兵《ふこくきょうへい》・殖産興業《しょくさんこうぎょう》といって、ヨーロッパやアメリカのような近代国家に少しでも早く近づこうと、さまざまな形で文明開化を急いでいました。しかし、公衆衛生《こうしゅうえいせい》にかかわる改革《かいかく》までは、なかなか手がまわらない状況《じょうきょう》にあったのです。

「研究する場所がないらしい。例《れい》の脚気菌説《かっけきんせつ》の反論騒動《はんろんそうどう》さ。東大派《とうだいは》の医学者らが、どこも研究室を貸《か》してくれない。」

「心のせまいやつらだ。学問の何たるかを、まるでわかっていない。」

福沢《ふくざわ》は顔を赤らめてこぶしをにぎると、すぐに対策《たいさく》を口にしました。

「芝公園《しばこうえん》の一角に、わしが借《か》りている土地がある。こうなったら北里くんのために、そこに研究所を建《た》てることにしよう。」

福沢《ふくざわ》は、森村市左衛門《もりむらいちざえもん》という知り合いの実業家に、資金《しきん》の提供《ていきょう》を呼《よ》びかけました。有数な資産家《しさんか》だった森村《もりむら》は、福沢《ふくざわ》の呼《よ》びかけに一も二もなく応じて、多額《たがく》の寄付金《きふきん》を出してくれました。


その年の十一月、東京の芝区芝公園《しばくしばこうえん》にわが国初《はつ》の伝染病《でんせんびょう》研究所（現在《げんざい》の東京大学医科学研究所）が設立《せつりつ》されました。

翌月《よくげつ》には開所式がおこなわれました。木造《もくぞう》二階建《だ》て、上下合わせて六室、土地や建物《たてもの》はもちろん、居住用品から実験《じっけん》用の道具まですべて、福《ふく》沢《ざわ》、森村《もりむら》、長与《ながよ》の三人がそろえたものでした。

この日から柴三郎は、念願《ねんがん》だった伝染病《でんせんびょう》とたたかうためのさまざまな実験《じっけん》や研究に、日夜取り組むことになります。

翌《よく》一八九三（明治《めいじ》二十六）年三月には、ときの内務大臣《ないむだいじん》が研究所に対して、次のような命令を発しました。

〈伝染病《でんせんびょう》研究所は、さまざまな伝染病《でんせんびょう》の原因《げんいん》と、予防法《よぼうほう》、治療法《ちりょうほう》を研究する機関《きかん》として力をつくすように。わが国の伝染病《でんせんびょう》や衛生《えいせい》に関《かん》するすべての問題は、北里柴三郎所長の手にゆだねたい。〉

国が応《おう》えんしてくれたのです。多額《たがく》の補助金《ほじょきん》も、支給《しきゅう》されることが決まりました。また、芝公園《しばこうえん》の研究所はあまりにもせまいので、翌年《よくねん》には東京・芝区《しばく》（現在《げんざい》の港区《みなとく》の一部）愛宕町《あたごちょう》に移転《いてん》することが、早くも決まったのです。

このことを柴三郎が福沢《ふくざわ》に報告《ほうこく》すると、こんな言葉が返ってきました。

「国が北里くんの思うように運営《うんえい》させるというのであれば、それでもよかろう。ただし、政府《せいふ》のいうことは、いつ変更《へんこう》されるか知れないから、足もとの明るいうちに他の用意だけはおこたらぬようにするがよい。」

この年にはまた、東京・白金《しろかね》にある福沢《ふくざわ》の別荘地《べっそうち》だった場所に、日本初《はつ》の結核専門病院《けっかくせんもん》「土筆ヶ岡養生園《つくしがおかようじょうえん》」が開設《かいせつ》されました。全部で六十人の患者《かんじゃ》を収容《しゅうよう》できるこの施設《しせつ》の名前は、福沢《ふくざわ》がつけたものです。

伝染病《でんせんびょう》研究所ができたとき、「ドイツで結核菌《けっかくきん》を発見したコッホという学者さんと、結核《けっかく》にきくというツベルクリン療法《りょうほう》とやらを研究して帰ってきた先生の研究所だ」という評判《ひょうばん》が広まっていて、土筆ヶ岡養生《つくしがおかようじょう》園《えん》には全国から、多くの患者《かんじゃ》がおし寄《よ》せてきました。

「これだけの病院を運営《うんえい》していくには、お金の管理もしっかりやっていかなければならん。そこできみに紹介《しょうかい》したい人物がいる。」

そういって福沢《ふくざわ》が柴三郎のもとに送りこんだのは、田端重晟《たばたしげあき》という、福沢《ふくざわ》の昔からの、まじめで信頼《しんらい》できる弟子《でし》でした。

「この田端《たばた》くんには、土筆ヶ岡養生園《つくしがおかようじょうえん》の事務長《じむちょう》になってもらうことにした。」

田端《たばた》は、ものごとの細かいところまでよく気がまわる人でした。おかげで柴三郎は、研究所と病院にいるとき、自分の仕事だけに集中することができたのです。


一方、伝染病《でんせんびょう》研究所の移転先《いてんさき》に決まった愛宕町《あたごまち》の住民《じゅうみん》のあいだでは、こんな会話が交《か》わされていました。

「すぐそこの広い空き地に、伝染病《でんせんびょう》研究所とかいう施設《しせつ》が引っこしてくるらしい。」

「伝染病《でんせんびょう》がくるのか?」

「伝染病《でんせんびょう》っていったら、コレラも赤痢《せきり》も、水や空気を伝《つた》わってうつる病気じゃないのか?」

「こわいわねえ。わたしは反対よ。」

住民《じゅうみん》の声はたちまち大きくなって、建設《けんせつ》反対運動が始まっていたのです。

「建設《けんせつ》反対! 伝染病《でんせんびょう》はいりません。」

そんな声が、日々高まっていました。柴三郎の自宅《じたく》にも、正体不明の相手から、あやしげな脅迫状《きょうはくじょう》が届《とど》くようになりました。

「北里くん、脅迫《きょうはく》にくっしてはならない。研究所が外部に対して安全無害《むがい》な施設《しせつ》であることを、このわしが証明《しょうめい》してみせよう。」

柴三郎から相談を受けた福沢《ふくざわ》は、そういうと、自分の息子の家を愛宕《あたご》町の建設《けんせつ》予定地のとなりに建てて、そこに住まわせました。これを知った住民《じゅうみん》たちは、ようやく反対運動から遠ざかるようになったのです。

翌《よく》一八九四(明治《めいじ》二十七)年二月、新伝染病《しんでんせんびょう》研究所は無事《ぶじ》に愛宕《あたご》町への移転《いてん》を終え、付属《ふぞく》病院をふくめた全八棟《とう》の、りっぱな施設《しせつ》が誕生《たんじょう》しました。国からの補助金《ほじょきん》も出て、新しく研究員として入所してくる医師《いし》たちも、少しずつ増《ふ》えていくことになります。

この新研究所で柴三郎が手をつけたのは、「ジフテリア抗血清《こうけっせい》」の製《せい》造《ぞう》でした。抗血清《こうけっせい》とは、動物の体内に病原菌《びょうげんきん》や毒素《どくそ》など、免疫反応《めんえきはんのう》を引き起こす物質《ぶっしつ》（抗原《こうげん》）を微量注射《びりょうちゅうしゃ》して、その血液中《けつえきちゅう》に、免疫《めんえき》のもとになる物質《ぶっしつ》（抗体《こうたい》）を作らせてから採取《さいしゅ》した、血液《けつえき》の上ずみの部分（血清《けっせい》）のことです。

具体的《ぐたいてき》にいうと、柴三郎はまず、ヒツジにジフテリアの病原菌《びょうげんきん》を、ごく少量だけ注射《ちゅうしゃ》します。すると、ヒツジは軽いジフテリアにかかりますが、死ぬことはありません。

次に、ヒツジが自力でジフテリアを治《なお》して健康体《けんこうたい》にもどりかけたときをねらって、血液《けつえき》を採取《さいしゅ》します。その血液《けつえき》を静《しず》かに放置しておくと、かたまった血液《けつえき》に上ずみの部分が生じます。それが抗血清《こうけっせい》です。

そうした抗血清《こうけっせい》は、ジフテリアの病原菌《びょうげんきん》や毒素《どくそ》を退治《たいじ》する力があるので、ジフテリアにかかった人間の体内に注入すれば、病《やまい》を治《なお》せます。まだかかっていない人の体内に注入すれば、ジフテリアにかかりにくい免《めん》疫《えき》力を得《え》ることができるのです。柴三郎は、こう話しています。

「化学が進歩すれば、近い将来《しょうらい》、動物の体外で抗体《こうたい》を生産《せいさん》できるようになるだろう。」

病気に対する抗血清《こうけっせい》を化学的《かがくてき》に大量生産《たいりょうせいさん》できる、まさに現在《げんざい》のバイオテクノロジー（生物の機能《きのう》を利用《りよう》して物質《ぶっしつ》の生産《せいさん》や廃棄《はいき》をおこなう技術《ぎじゅつ》で、生物工学ともいいます）の時代を予言した言葉だといえそうです。

そんなある日、海の向こうの香港《ホンコン》で歴史上《れきしじょう》まれにみる伝染病《でんせんびょう》、ペストの大流行が発生したというニュースが伝《つた》わってきました。

六 ペスト菌《きん》の発見

ペストは、ヨーロッパで東ローマ帝国《ていこく》が隆盛《りゅうせい》だった六世紀《せいき》ごろから、何度も流行をくり返してきたおそろしい伝染病《でんせんびょう》です。十四世紀《せいき》にヨーロッパで大流行したときは、約《やく》一億人いた全人口のうち三分の一から四分の一が犠牲《ぎせい》になったと伝《つた》えられています。

別名「黒死病《こくしびょう》」といわれるのは、この病気にかかると皮膚《ひふ》に出血のあとが残って黒くなり、ほとんど助かるみこみもなく、あっというまに死んでしまうからでした。柴三郎が新伝染病《でんせんびょう》研究所で仕事を始めたばかりの一八九四（明治《めいじ》二十七）年、ペストの原因《げんいん》はまったくわかっていませんでした。

政府《せいふ》から柴三郎のもとに、次のような命令が下されたのは、この年の五月でした。

〈香港《ホンコン》において流行している伝染病《でんせんびょう》の調査《ちょうさ》のため、現地《げんち》へおもむくように。〉

香港《ホンコン》は当時、イギリスの植民地《しょくみんち》でした。すぐに調査隊《ちょうさたい》が組まれました。隊員《たいいん》は柴三郎のほかに、東大医学部教授《きょうじゅ》の青山胤道《あおやまたねみち》、伝染病《でんせんびょう》研究所助手の石神亨《いしがみとおる》ほか、合わせて六人の医学関係者《かんけいしゃ》でした。

「内務省《ないむしょう》代表の北里先生と、文部省《もんぶしょう》代表の青山《あおやま》先生が、同じ船に乗っていくってわけか。」

名前が公表されると、政府関係者《せいふかんけいしゃ》のだれかが、こんなつぶやきをもらしました。

どういうことかというと、柴三郎と青山《あおやま》はこの二月、政府《せいふ》の力ぞえで新伝染病《でんせんびょう》研究所が設立《せつりつ》されるにあたり、内務省《ないむしょう》と文部省《もんぶしょう》のどちらの下につくかで、立場を異《こと》ならせていたのです。内務省《ないむしょう》は、柴三郎を代表とするもとからの伝染病研究所《でんせんびょうけんきゅうじょ》のグループを、文部省《もんぶしょう》は、東大医学部の学者グループを、それぞれ後おししていました。

例《れい》の緒方正規《おがたまさのり》の脚気菌説《かっけきんせつ》で、それに反論《はんろん》した柴三郎を「恩《おん》知らず」と呼《よ》んだのは、文部省《もんぶしょう》がおす東大医学部の学者グループでした。そうしたわだかまりもいまだに、両者のあいだではくすぶっていました。

新伝染病研究所《でんせんびょうけんきゅうじょ》にかんしては、柴三郎をおす内務省《ないむしょう》が監督官庁《かんとくかんちょう》となって、一応《いちおう》の決着をみました。しかし、おたがいに学者としてのライバル心は、燃《も》えさかっていたのです。

一行は六月になってまもなく日本を出港して、一週間後には香港《ホンコン》に到着《とうちゃく》しました。

下船のとき、青山《あおやま》が柴三郎にいいました。

「おたがい、くれぐれも、ペストにはかからないように注意して行動しないとな。」

柴三郎も、うなずいて応《おう》じます。

「もちろんだ。全員、力を合わせて、大きな成果《せいか》をあげて帰国しようじゃないか。」

二人はもともと、東大医学部時代からの友人でした。このときの学者としてのたたかいの相手は人間ではなく、この地で猛威《もうい》をふるうペストという伝染病《でんせんびょう》だったのです。

一行をむかえたのは、香港政庁《ホンコンせいちょう》のイギリス人医務官《いむかん》、ジェームス・ラウソンでした。ペストで住民《じゅうみん》たちが次々と倒《たお》れていく現場《げんば》をとり仕切っている最高責任者《さいこうせきにんしゃ》です。

「よくぞいらっしゃいました。」

ラウソンは調査員《ちょうさいん》たちとかたいあく手を交《か》わすと、「東洋のコッホ」とみなしていた柴三郎にこれまでの状況《じょうきょう》を報告《ほうこく》して、調査団《ちょうさだん》への全面的《ぜんめんてき》な協力《きょうりょく》を約束《やくそく》しました。

香港《ほんこん》はイギリスの植民地《しょくみんち》とはいえ、中国でしたから、儒教《じゅきょう》が盛《さか》んでした。儒教《じゅきょう》では、「医者は生きている人間を相手にするもので、死体には手をだしてはいけない」という考え方が当たり前でした。

「そんなことをいっていたら、ペストの正体などあばくことができない。」

柴三郎たちは不満《ふまん》を口にしましたが、郷《ごう》に入《い》っては郷《ごう》に従《したが》えです。ラウソンから、ペストにかかって亡《な》くなった患者《かんじゃ》の死体をひそかに提《てい》供《きょう》してもらい、青山《あおやま》が解剖《かいぼう》して、柴三郎が死因《しいん》や病原菌《びょうげんきん》をつきとめる、という段取りになりました。

「作業は人目につかない場所をみつけて、そっとやるしかないだろう。」

やがて、本格的《ほんかくてき》な夏がやってきます。

「むし暑くてせまい場所だが、やるしかない。」

解剖《かいぼう》が終わって、臓器《ぞうき》や血液《けつえき》のサンプルを手にした柴三郎は、額《ひたい》にうきでる汗《あせ》をぬぐいながら顕微鏡《けんびきょう》をのぞきこみました。

まもなく、柴三郎は顕微鏡《けんびきょう》の中に、「これがペスト菌《きん》ではないのか？」と思われる細菌《さいきん》の存在《そんざい》をみつけました。香港《ホンコン》について、まだ二日しかたっていません。長年きたえた観察技術《かんさつぎじゅつ》が役に立ったのです。

あとは、確認《かくにん》作業を進めていくだけです。

そうした折《おり》、だれもが心配していた事態《じたい》が発生しました。何人もの死体を次々と解剖《かいぼう》していった青山《あおやま》が、ペストにかかったのです。さらに、柴三郎の助手として働《はたら》いていた石神《いしがみ》にも、ペストがうつってしまいました。

「緊急事態《きんきゅうじたい》だ。調査《ちょうさ》は中断《ちゅうだん》して、二人の命を救《すく》うために全力をつくさねばならない。」

柴三郎は、ラウソンの力を借《か》りて、二人を港にうかぶ病院船に運びこみました。懸命《けんめい》の手当てが始まりました。

ニュースはたちまち、日本にも伝《つた》わりました。福沢諭吉《ふくざわゆきち》はおどろき、あわてました。調査隊《ちょうさたい》の全員が、ペストにかかって死んでしまうのではないかと心配になりました。そこで柴三郎に、〈スグカエレ〉と、帰国をうながす電報《でんぽう》を送りました。

「いや、仲間《なかま》の二人を見捨《みす》てては

帰れない。ペスト菌《きん》の確認《かくにん》作業もこれからだ。」

柴三郎は福沢《ふくざわ》からの電報《でんぽう》を無視《むし》して、二人の看護《かんご》と、あいた時間は、細菌《さいきん》学者としてのつとめに全力をつくしました。

青山《あおやま》は日本を出発する前、もし自分の身に何かが起きたときはと、あらかじめ遺書《いしょ》をしたためていました。石神《いしがみ》も、病院船のベッドで、高熱《こうねつ》のために力のない、ミミズがのたくったような文字で遺書《いしょ》を書きました。

だれもが、二人の死をかくごしました。

「だめだ青山《あおやま》、いま死んではいかん。石神《いしがみ》もだ。きみがいなかったら、調査《ちょうさ》ができない。二人ともがんばれ。負けるな。」

柴三郎は連日、病院船に二人を見舞《みま》いにいって、声をかぎりにはげましつづけました。

一時は、二人分の棺桶《かんおけ》が用意されたほどでした。しかし、柴三郎たちの必死《ひっし》の祈《いの》りが、天につうじたのでしょうか。やがて、石神《いしがみ》がきせきのように回復《かいふく》すると、青山《あおやま》も、どうにか山をこえてもち直してくれました。柴三郎は、どれほどほっとしたことかわかりません。

柴三郎は、おくれていた確認《かくにん》作業に入りました。手もとのペスト菌《きん》を「コッホの三要件《ようけん》」と照《て》らし合わせてみたのです。

柴三郎がみつけたペスト菌《きん》は、みごとにこの三要件《ようけん》にあてはまりました。

「うん。まちがいない。」

これまで、世界のだれもが特定《とくてい》することのできなかったペスト菌《きん》を、こうして柴三郎は発見できたのでした。

柴三郎がドイツ語で書いたペスト菌《きん》発見の論文《ろんぶん》は、純粋培養《じゅんすいばいよう》されたペスト菌《きん》のサンプルとともに、コッホのもとに送られました。また、論文《ろんぶん》はラウソンが英語に訳《やく》してくれて、イギリスの医学雑誌《ざっし》に掲載《けいさい》されました。

「よくやったぞ、北里くん。」

ベルリンで愛弟子《まなでし》の成果《せいか》を手にしたコッホは、その偉業《いぎょう》を、わがことのようによろこびほめたたえました。

命がけで行動した香港《ホンコン》でのペスト調査《ちょうさ》から帰ってきた柴三郎に、ほっとしている時間はありませんでした。伝染病《でんせんびょう》研究所の所長としての仕事が、山積《やまづ》みになっていたからです。

「わが研究所の使命は、コレラ、赤痢《せきり》、チフスなど、さまざまな伝染病《でんせんびょう》を予防《よぼう》し、治療《ちりょう》するための新薬や血清《けっせい》の研究開発と製造《せいぞう》だ。」

こう宣言《せんげん》して、柴三郎がとり組んだ研究の具体的内容《ぐたいてきないよう》は、次のようなものでした。

研究する病気は「口、呼吸《こきゅう》、血液《けつえき》など、何から感染《かんせん》するのか。その際《さい》、病原菌《びょうげんきん》を運んでくるハエ、ノミ、シラミ、ブヨ、カ、ネズミなどの動物はいるのか、いないのか」を、実験《じっけん》をとおしてはっきりさせるのです。

また、伝染病《でんせんびょう》研究所では多くの医療関係者《いりょうかんけいしゃ》に声をかけて、講習会《こうしゅうかい》や研《けん》修会《しゅうかい》をたびたびひらきました。伝染病《でんせんびょう》にかんする専門知識《せんもんちしき》を必要《ひつよう》とする医師《いし》や看護師《かんごし》の養成《ようせい》や教育を、積極的《せっきょくてき》に進めていきました。

柴三郎はつねづね、「病院でもっとも重要《じゅうよう》な要素《ようそ》は看護師《かんごし》である」と、口にしていました。一八九七（明治《めいじ》三十）年には、一年コースの看護《かんご》学校を開設《かいせつ》して、多くの優秀《ゆうしゅう》な看護師《かんごし》を世に送りだしました。

その年に赤痢菌《せきりきん》を発見した志賀潔《しがきよし》は、学生時代に柴三郎がおこなった講演《こうえん》をききにいって、自分も同じような研究者になりたいと思い、伝染《でんせん》病《びょう》研究所に入ってきた医師《いし》の一人です。

のちに志賀《しが》は、「北里先生の下で学ぶことがなかったら、わたしが赤《せき》痢菌《りきん》を発見することはなかったでしょう」と話しています。

この年、国は伝染病《でんせんびょう》研究所をとおして、コレラ、赤痢《せきり》、腸《ちょう》チフス、パラチフス、痘瘡《とうそう》、発疹《ほっしん》チフス、猩紅熱《しょうこうねつ》、ジフテリア、流行性脳脊髄膜炎《のうせきずいまくえん》、ペスト、というこの当時もっとも重要《じゅうよう》と思われる十種《しゅ》の伝染病《でんせんびょう》に関する「伝染病予防法《でんせんびょうよぼうほう》」を制定《せいてい》しました。

以上《いじょう》の伝染病《でんせんびょう》にかかった患者《かんじゃ》や、患者《かんじゃ》とかかわった医師《いし》の届《とど》け出《で》の義《ぎ》務《む》、患者《かんじゃ》や感染《かんせん》の疑《うたが》いのある者の隔離《かくり》、患者《かんじゃ》のでた家までの交通の遮断《しゃだん》などを規定《きてい》した内容《ないよう》です。

伝染病予防法《でんせんびょうよぼうほう》は、日本の近代予防《よぼう》医学と公衆衛生学《こうしゅうえいせいがく》の基礎《きそ》となりました。以後《いご》百年以上《いじょう》にわたって、不動《ふどう》の法律《ほうりつ》になったのです。

一八九九（明治《めいじ》三十二）年三月、それまで私立だった伝染病《でんせんびょう》研究所は国立となって、内務省《ないむしょう》の監督下《かんとくか》におかれることになりました。

その月いっぱいで、伝染病《でんせんびょう》研究所の建物《たてもの》や備品《びひん》など一切が、私立としての母体だった大日本衛生《えいせい》会から国へ引きわたされて、柴三郎はそのまま所長としてとどまり、名実ともに国立伝染病《でんせんびょう》研究所が誕生《たんじょう》しました。

そのとき、福沢《ふくざわ》があえて「何かあったら、独立《どくりつ》しなければならないときがくるかもしれん」という言葉を口にしましたが、柴三郎たちの前途《ぜんと》はどこまでも明るいものと、だれもが信《しん》じていました。

七　恩師《おんし》との別《わか》れ・再会《さいかい》

伝染病《でんせんびょう》研究所で柴三郎に師事《しじ》したことで、医学界に大きな功績《こうせき》を残した人は、赤痢菌《せきりきん》を発見した志賀潔《しがきよし》だけではありません。毒蛇《どくへび》の研究で成果《せいか》をあげた北島多一《きたじまたいち》、梅毒《ばいどく》の特効薬《とっこうやく》サルバルサンを発明した秦佐八郎《はたさはちろう》、寄生虫《きせいちゅう》の研究で注目をあびた宮島幹之助《みやじまみきのすけ》、そして、黄《おう》熱病《ねつびょう》の研究で知られる野口英世《のぐちひでよ》といった名前も忘《わす》れてはいけません。

野口《のぐち》は、伝染病《でんせんびょう》研究所が国立になる前年、柴三郎のもとにやってきました。ずいぶん小柄《こがら》でしたが、英語がよく話せて、幼《おさな》いときに大やけどをしたという左手をかばうようにして歩く姿《すがた》が印象的《いんしょうてき》でした。

研究所にいた期間は一年くらいだったのですが、あるとき、野口《のぐち》は研究所にあった貴重《きちょう》な本をどこかへなくしてしまいました。

「ばかものめ！　あの本がわたしたち研究者にとって、どれほど大切なものか、よく知っているだろう。みつかるまでさがしてこい。」

柴三郎は野口《のぐち》にドンネルを落としました。ドイツ語で「雷《かみなり》」のことです。研究員たちはだれもが、柴三郎のことを「雷《かみなり》おやじ」と呼《よ》び、落とす雷《かみなり》（ドンネル）に当たらないように、細心の注意をもって働《はたら》いていました。

少年のころから気性が荒《あら》かった柴三郎でしたから、一度怒《いか》りが爆発《ばくはつ》したら、だれがどうなだめようとも、効《き》き目はありません。

ついに本はみつからず、野口《のぐち》は研究所から追いだされて、人里はなれた横浜《よこはま》海港検疫所《けんえきじょ》での任務《にんむ》にまわされてしまいました。

しかし、野口《のぐち》は弱音をはきませんでした。任務《にんむ》についてまもなく、船に乗っていた外国人がペストにかかっていることを探《さぐ》りあてたのです。この地では初《はつ》となるペスト患者《かんじゃ》の発見になりました。

「でかしたぞ、野口《のぐち》くん。きみなら、それができると、わしは前から思っていたんだ。」

柴三郎は、かつて落としたドンネルのことなどけろっと忘《わす》れた顔をして、野口《のぐち》の功績《こうせき》にほおをゆるめました。

そんな柴三郎にとって、最大《さいだい》の師匠《ししょう》であり恩人《おんじん》だったのは、福沢諭吉《ふくざわゆきち》とローベルト・コッホといっていいでしょう。

「細菌学《さいきん》をおさめてヨーロッパから帰国してから半年ほど、わたしは研究をつづけていく場所がありませんでした。これをきいた福沢《ふくざわ》先生は、ただちに私財《しざい》を投げうって、わたしのために研究所を建ててくださいました……」

しかし、柴三郎が十八歳《さい》年上の福沢《ふくざわ》と知り合って、親子のように親しくつき合ったのは、あっというまの九年間にすぎませんでした。

福沢《ふくざわ》が没《ぼっ》した一九〇一（明治《めいじ》三十四）年、スウェーデンのノーベル財《ざい》団《だん》はノーベル賞《しょう》の表彰《ひょうしょう》を始めました。その第一回生理学・医学賞《しょう》の候補《こうほ》として選ばれた、世界各国で活躍《かつやく》する医学者十五人中の一人に、柴三郎の名前がありました。

ところが、いざ発表となると、受賞《じゅしょう》したのは候補《こうほ》にもあがっていなかった、ドイツのエミール・フォン・ベーリングだったのです。

ベーリングは、柴三郎とともにコッホのもとで細菌学《さいきんがく》の研究をしていました。受賞《じゅしょう》理由は、二人で共同開発した「ジフテリアの血清療法《けっせいりょうほう》」に対してでした。であれば、ジフテリアの血清療法《けっせいりょうほう》の前に、柴三郎は世界で初《はじ》めて破《は》傷風菌《しょうふうきん》を発見して、その血清療法《けっせいりょうほう》を開発しています。「受賞《じゅしょう》するのは柴三郎のほうか、それとも二人いっしょに受賞《じゅしょう》してもよかったのでは？」と思う人は多いはずです。

これには、いくつか理由が考えられます。

まずは、それが第一回のノーベル賞《しょう》だったことです。いまとはちがって、一つのテーマに対して複数《ふくすう》の受賞者《じゅしょうしゃ》を選ぶという考えが、まだなかったように思われます。

とはいえ、なぜ柴三郎ではなかったのでしょうか？　柴三郎が東洋人だったために、ヨーロッパで生まれたノーベル賞《しょう》は、ヨーロッパやアメリカの学者にあたえたいという気持ちが、主催者《しゅさいしゃ》の側《がわ》にあったのかもしれません。

さらに、ドイツでは国をあげてベーリングがノーベル生理学・医学賞《しょう》を受賞《じゅしょう》するように応《おう》えんしました。日本では、柴三郎への応《おう》えんの声が、ほとんどきこえませんでした。

ドイツ留学中《りゅうがくちゅう》に柴三郎が発表した、東大医学部の仲間《なかま》で、ドイツ留学《りゅうがく》の恩人《おんじん》だった緒方正規《おがたまさのり》がとなえた、例《れい》の「脚気菌説《かっけきんせつ》」に対する反論《はんろん》が尾を引いていたのです。そのころ、日本の医学界の中心的勢力《ちゅうしんてきせいりょく》だった東大派の学者たちは、一人だけうき上がっているような存在《そんざい》だった柴三郎に、あまりいい印象《いんしょう》をもっていなかったのです。

しかし、柴三郎は決して、曲がったことをしたわけではありません。学者として、相手がだれであろうと、正しいことは正しい、まちがっていることはまちがっていると、自分の意見を堂々《どうどう》と主張《しゅちょう》しただけでした。

一九〇六（明治《めいじ》三十九）年、さらに広大な敷地《しきち》が必要《ひつよう》になった国立伝《でん》染病《せんびょう》研究所は、東京・芝区《しば》白金台町《しろかねだい》（現在《げんざい》の港区《みなと》白金台《しろかねだい》）に移転《いてん》しました。そこで柴三郎は、衛生学《えいせいがく》や細菌学《さいきんがく》の基本《きほん》を、より多くの医療関係者《いりょうかんけいしゃ》に学んでもらおうと、これまでつづけてきた講習会《こうしゅうかい》の活動にますます力を入れるようになりました。

「福沢《ふくざわ》先生は、もういない。たよれるのは自分だけになってしまった。わたしもコッホ先生に教えられたように、日本国民《こくみん》の命を支《ささ》える杖《つえ》となって、細菌学《さいきんがく》につくさねばならない。」

ドイツへ留学《りゅうがく》したとき、恩師《おんし》コッホから打ち明けられた「国民《こくみん》の命を支《ささ》える杖《つえ》」という言葉が、柴三郎の脳裏《のうり》から消える日はありませんでした。

そんな柴三郎の心をときめかしたのが、一九〇八（明治《めいじ》四十一）年六月に実現《じつげん》したコッホ夫妻《ふさい》の来日でした。恩師《おんし》と愛弟子《まなでし》の、十六年ぶりの再会《さいかい》になりました。

「先生、よくぞいらっしゃいました。」

横浜《よこはま》の港に夫妻《ふさい》をむかえにいった柴三郎が、夢中《むちゅう》でだきついていくと、コッホもうれしそうにハグを返してから、いいました。

「ドイツをでるとき、エールリヒくんにいってきたんだ。」

パウル・エールリヒは、この年、ノーベル生理学・医学賞を受賞《じゅしょう》する ドイツの細菌学者《さいきんがくしゃ》です。コッホの研究所にいたこともあって、柴三郎のことはよく知っていました。

「あいかわらず、たばこを蒸気機関車《じょうききかんしゃ》のようにふかしていたが、そんなに吸《す》うのは体によくないぞ、とね。」

「あ。そうですか。」

コッホの体から身を引きながら、柴三郎は気がつきました。けさは先生に会えると思っただけできんちょうして、ずいぶんたばこを吸《す》ってしまった……。そのにおいが、まだ服にしみついていたのでしょう。

「申しわけありません。」

「きみがあやまってどうする。」

コッホは快活《かいかつ》に笑《わら》って、柴三郎の肩《かた》をやさしくたたきました。

その日、柴三郎はコッホ夫妻《ふさい》の来日を歓迎《かんげい》する行事の後、夫妻《ふさい》を宿泊《しゅくはく》先《さき》のホテルへ送っていきました。いそがしくはありましたが充実《じゅうじつ》した一日を終えて家に帰ると、奥《おく》さんの乕《とら》にいいました。

「家にある灰皿《はいざら》をすべて、捨《す》ててくれ。」

その後、柴三郎はたばこを一切、口にしなくなったのです。

柴三郎は、コッホ夫妻《ふさい》が日本に滞在《たいざい》した七十三日間、歌舞伎《かぶき》の観劇《かんげき》につれていったり、京都《きょうと》や広島《ひろしま》の厳島《いつくしま》を案内《あんない》したり、鎌倉《かまくら》の由比ガ浜《ゆいがはま》にいってしばらくとまるなどして、ほとんどつきっきりのもてなしをしました。

あるとき、柴三郎がノートに書いたドイツ語の文字をコッホ夫人がみて、いいました。

「まあ、夫の筆跡《ひっせき》にそっくりだこと。」

汽車の長旅でうたた寝《ね》をして、コッホがいびきをかき始めると、並《なら》んですわっている柴三郎も負けじといびきをかくところも、酷似《こくじ》といっていいほどでした。それこそ、ドンネルのように大きないびきでした。

それほど柴三郎はコッホをあがめ、大切に思っていたのです。

二年後の一九一〇（明治《めいじ》四十三）年五月、コッホがドイツで亡《な》くなると、柴三郎の悲しみぶりは、青空をも黒雲に変《か》えてしまうのではないかと思われるほどでした。

国立伝染病研究所《こくりつでんせんびょうけんきゅうじょ》では、貴賓室《きひんしつ》にコッホの像《ぞう》を安置《あんち》して、花輪《はなわ》をささげ、職員《しょくいん》一同で追悼式《ついとうしき》がおこなわれました。


時代が大正《たいしょう》になって、世界を暗雲に包《つつ》みこむ第一次世界大戦が始まりました。日本とドイツは敵国《てきこく》同士になったのです。

戦争《せんそう》が終わってまもなく、敗戦国《はいせんこく》となったドイツで暮《く》らしが苦しくなったコッホ未亡人《みぼうじん》に対して、柴三郎は多額《たがく》の金品を援助《えんじょ》してはげまし、なぐさめました。

「ドイツは敵国《てきこく》だったじゃないか」という声がきこえたとき、柴三郎はいいました。

「戦争《せんそう》は、おたがいの国の政府《せいふ》と政府《せいふ》がたたかったものです。日本国民《こくみん》はむやみに敵国民《てきこくみん》をにくむものではありません。戦争中《せんそうちゅう》も、かつての恩《おん》人《じん》や師《し》、友人に対する敬愛《けいあい》の念《ねん》は変《か》わりませんでした。コッホ先生に対するわたしの真心も同じです。」

八　北里研究所の設立《せつりつ》

第一次世界大戦が始まった一九一四（大正三）年十月、国立伝染病《でんせんびょう》研究所にも異変《いへん》が訪《おとず》れました。政府《せいふ》が、それまで内務省《ないむしょう》（現在《げんざい》の総務省《そうむしょう》、厚生労働省《こうせいろうどうしょう》など）の下にあった研究所を、いきなり文部省《もんぶしょう》（現在《げんざい》の文部《もんぶ》科学省《かがくしょう》）の下におくことに決めたのです。

戦争《せんそう》で軍事費《ぐんじひ》がかさむようになって、そのしわ寄《よ》せが、伝染病《でんせんびょう》研究所にもおし寄《よ》せてきたというわけです。柴三郎にとっては、まさに寝耳《ねみみ》に水でした。

「政府《せいふ》は合理化のためといっているが、研究と教育中心の文部省《もんぶしょう》の方針《ほうしん》は、わたしがいま内務省《ないむしょう》でめざしている、研究と医療現場《いりょうげんば》を強く結《むす》びつけていこうとするやり方とは、まったくかけはなれている。承服《しょうふく》できない。」

伝染病《でんせんびょう》の研究は、それを専門《せんもん》とした政府《せいふ》の窓口《まどぐち》でなければ、やりとげることがむずかしいのです。また、各種《かくしゅ》の血清《けっせい》やワクチンを安全かつ安い値段《ねだん》で大量《たいりょう》に作ることができるのも、専門《せんもん》の窓口《まどぐち》があってこそでした。

「その窓口《まどぐち》をいきなりなくして、文部省《もんぶしょう》の下にある帝国《ていこく》医科大学の付属《ふぞく》施設《しせつ》にしようなどとは、おどろくべき暴挙《ぼうきょ》といってよい。」

柴三郎は政府《せいふ》に向かって、ドンネルを落としまくりました。それでも、一度決まってしまった政策《せいさく》をくつがえすことはできません。

「ならば、とる道は一つしかない。」

ただちに辞表《じひょう》を書いて、提出《ていしゅつ》しました。

すると、研究員たちも一人、また一人と、「所長が辞《や》めるならわたしたちも辞《や》めます」と、辞表《じひょう》を書き始めたのです。

「きみたちまで辞《や》めることはない。大学の付属施設《ふぞくしせつ》になっても、研究をつづけていけばいいではないか。生活もかかっているだろう。」

自分一人だけ、静《しず》かに去っていけばよいと考えていた柴三郎はおどろいて、辞表《じひょう》を書いた部下たちを引きとめようとしました。しかし、だれも首をたてにはふりません。

「わたしたちは、北里所長なしで研究をつづけていくことなんかできません。」

「ばかもの！　そんなことといって、新しい研究場所なんか、どこにもないんだぞ。」

雷《かみなり》おやじがドンネルを落とします。ところが、いつもなら首をすくめたくなるドンネルでも、いまはだれも首をすくめません。

「それでも、先生についていきます。」

「かくごはできています。」

「われわれは一つの組織《そしき》です。」

ついには、研究員の全員が辞表《じひょう》を提出《ていしゅつ》してしまいました。だれもが柴三郎を師《し》として仰《あお》ぐだけではなく、その人間的魅力《みりょく》に引きつけられていたのです。

「ちょっと待て、きみたち……」

そのとき、責任《せきにん》の重さを痛感《つうかん》した柴三郎の頭をかすめたのが、伝染病《でんせんびょう》研究所が国立になったとき、福沢《ふくざわ》が口にした「何かあったら、独立《どくりつ》しなければならないときがくるかもしれん」という言葉でした。同時に、「政府《せいふ》のいうことは、いつ変更《へんこう》されるか知れないから、足もとの明るいうちに他日の用意だけはおこたらぬようにするがよい」という助言も、こだまとなってよみがえってきました。

すると、福沢《ふくざわ》の紹介《しょうかい》で土筆ヶ岡養生園《つくしがおかようじょうえん》の事務長《じむちょう》としてやってきたころからずっと、経理事務《けいりじむ》を担当《たんとう》して、柴三郎の側近《そっきん》としてつかえてきた田《た》端《ばた》重晟《しげあき》がいいました。

「おそれながら、研究する場所がなければ、作ればいいだけの話ではないでしょうか。その資金《しきん》は十分にございます。」

田端《たばた》は手もとの会計帳簿《かいけいちょうぼ》をひらいて、柴三郎にみせました。そこには、思っていたより一けた多い金額《きんがく》がならんでいました。

「おお。こんなにあったのか。」

結核療養施設《けっかくりょうようしせつ》としての養生園《ようじょうえん》には、評判《ひょうばん》をきいた患者《かんじゃ》たちが全国から次々とやってきていました。いつのまにか、新しい施設《しせつ》を作るのに不足のない財源《ざいげん》が、田端《たばた》の努力《どりょく》によってたくわえられていたのです。

「土地は、養生園《ようじょうえん》の裏手《うらて》にございます。」

そこは、もともとは沼地《ぬまち》でしたが、うめ立てればりっぱな敷地《しきち》として使える、たっぷりの広さが確保《かくほ》されていました。

さすがは、かつて「福沢諭吉《ふくざわゆきち》の腹心《ふくしん》」といわれた男だけあります。田《た》端《ばた》の先をみとおす力には、すばらしいものがありました。

「よし。一丁、やってみようか。」

柴三郎は会心《かいしん》の笑《え》みをうかべました。

これこそ、福沢《ふくざわ》が柴三郎たちに教えた「独立自尊《どくりつじそん》の精神《せいしん》」でした。だれの世話にもならず、すべてを自分たちだけの力によってまかない、運《うん》営《えい》していく新研究所設立《せつりつ》の構想《こうそう》は、このとき生まれたのです。

辞表《じひょう》が政府《せいふ》に受理された十一月五日、長く親しんだ国立伝染病《でんせんびょう》研究所をはなれて、新しい私立研究所を創設《そうせつ》するにあたって、柴三郎はこんな言葉で独立《どくりつ》を宣言《せんげん》しました。

「同志同僚《どうしどうりょう》の希望《きぼう》により、研究所の歴史《れきし》にかんがみ、わしの名前を冠《かん》して、北里研究所と名づけることにしよう。」

研究員たちのはく手がひびきわたりました。

一九一四（大正三）年十一月、柴三郎は国立伝染病研究所《でんせんびょうけんきゅうじょ》所長を辞任《じにん》して、新たに、私費《しひ》を投じた北里研究所を創立《そうりつ》しました。

翌《よく》一九一五（大正四）年十二月十一日。およそ一年をかけて完成《かんせい》した、いま新しい北里研究所の開所式が、いまは亡《な》き恩師《おんし》、ローベルト・コッホの誕生日《たんじょうび》と重なっておこなわれました。政界《せいかい》、財界《ざいかい》、医学界などから、二千人をこえる参列者《さんれつしゃ》が集まりました。

「おお、すばらしい建物《たてもの》じゃないか。」

見学者たちの声がきこえてきます。

「すべては、これまでの病院経営《けいえい》でたくわえたお金と、多くの賛同者《さんどうしゃ》の寄付金《きふきん》によってまかなわれたそうだな。」

二十三年前、福沢諭吉《ふくざわゆきち》や長与専斎《ながよせんさい》らの援助《えんじょ》によって、芝公園《しばこうえん》に最初《さいしょ》に伝染病《でんせんびょう》研究所が作られたとき、大金を寄付《きふ》してくれた資産家《しさんか》の森村市左衛門《もりむらいちざえもん》も、ふたたび、この研究所のために大金を寄付《きふ》してくれていました。

「えーと。国家の制約《せいやく》にしばられない研究の実践《じっせん》をめざし、日本医学の発展《はってん》と、国民《こくみん》の衛生状況《えいせいじょうきょう》の改《かい》善《ぜん》と向上をめざす、か。」

配られたあいさつ文を手にした一人が、大きな声で読み上げました。

いまや私立《しりつ》となって、政府《せいふ》は金をださないわけですから、ああしろこうしろと口もだせません。すべての責任《せきにん》を自らがとることで、自由に研究活動に専念《せんねん》できるよろこびがにじみでてくるような文句

です。
「大したもんだなあ、北里博士《はかせ》は。」
新研究所は、L《エル》字型《じがた》をした二階建《だ》ての建物《たてもの》が本館でした。その後ろに並《なら》ぶ、血清《けっせい》・化学棟《とう》、培養《ばいよう》・包装棟《ほうそうとう》、二階建《だ》ての講義室《こうぎしつ》、実習室、結核《けっかく》の化学療法剤《りょうほうざい》を作る施設《しせつ》などから成《な》っていました。
建物《たてもの》の外観《がいかん》は、かつて柴三郎も学んだことのある、ドイツ国立伝《でん》染病《せんびょう》研究所（コッホ研究所）をほうふつとさせます。

「ほら、あれをみてごらん。」

一人が指さしたのは、正面にオランダ切妻《きりつま》を配した玄関《げんかん》ポーチの、ひさしの部分です。太鼓《たいこ》のバチみたいなものが二本、交差《こうさ》して、これを月桂樹《げっけいじゅ》が下からとり囲《かこ》んでいます。

もう一人が説明《せつめい》しました。

「この研究所のシンボルマークさ。あれは太鼓《たいこ》のバチなんかじゃない。顕微鏡《けんびきょう》でのぞいたらわかるけど、破傷風菌《はしょうふうきん》の形だよ。」

ドイツ留学《りゅうがく》でコッホに師事《しじ》したとき、世界で初《はじ》めて破傷風菌《はしょうふうきん》の純粋培養《じゅんすいばいよう》に成功《せいこう》したことが、世界的細菌学者《せかいてきさいきん》としての柴三郎のスタートになりました。その感激《かんげき》を、柴三郎は忘《わす》れていなかったのです。

建物《たてもの》の内部では、こんな声もきこえます。

「ほほう。研究室がすべて北面に並《なら》べて配置《はいち》されていますね。これはなぜですか？」

案内《あんない》する人が答えました。

「北里所長の指示《しじ》で、こうなりました。部屋が北側《きたがわ》にあれば、太陽の光が直接《ちょくせつ》入ってきません。光の変化《へんか》が少なくなって、顕微鏡《けんびきょう》の観察《かんさつ》には最《さい》適《てき》なんですよ。」

すべてが、研究者のためを思った設計《せっけい》になっているのでした。

参列者を前に、柴三郎は次のようにあいさつしました。

「どんな学者が、どんな研究成果《せいか》をあげることができたとしても、実生活に利用《りよう》できなければ、その研究は人生にいかなる効果《こうか》もおよぼしません。わが研究所での研究成果《せいか》は、わが国の皇室《こうしつ》および国民《こくみん》の発展《はってん》のために、ひいては世界人類《じんるい》の幸福、利益《りえき》のためにおこなわれるものと、かたく信《しん》じています。」

細菌《さいきん》などの微生物学《びせいぶつがく》を中心として、めざす分野は免疫《めんえき》、化学、病理学、薬物学、実験治療学《じっけんちりょうがく》、衛生学《えいせいがく》、公衆衛生《こうしゅうえいせい》はもとより、農業、水産業《すいさんぎょう》、工業その他さまざまに広がり、国家社会のために役立とうというのです。

ともあれ、最初《さいしょ》の伝染病《でんせんびょう》研究所が開設《かいせつ》して以来《いらい》、再《ふたた》び私立になった北里研究所を創設《そうせつ》してからも、柴三郎がこれまでやってきた仕事に、大きな変《か》わりはありませんでした。

熱《あつ》い向学心をもって入所してくる多くの門下生たちを、世界に通用する一流の研究者に育てるための教育は、柴三郎がもっとも力を入れている業務《ぎょうむ》の一つでした。

決まり文句《もんく》は「ひとときも、おこたることなかれ」でした。

ときに叱咤《しった》し、ときにドンネルを落とし、ときにほめたたえ、ときにはげましながら、柴三郎が門下生たちにいってきかせる言葉を箇条書《かじょうが》きにすると、次のようになります。

一　研究の目的《もくてき》は、何ごとにかかわらず、道楽（趣味《しゅみ》や遊び）でするのではない。

一　研究の結果《けっか》が「実際《じっさい》の役に立つ」「研究する方法や手段の助けになる」「実際《じっさい》の治療《ちりょう》や予防《よぼう》の上で実益《じつえき》になる」という方向を定めて、研究の方針《ほうしん》を立てる。

一　また、研究によって得《え》ることができた事実に少しでも役に立つものがあったなら、それをすみやかに実際《じっさい》に移《うつ》すことに努力しなければならない。

一　ただ、学理学説《がくせつ》を立ててよろこんでいるのは、世の中のひま人の仕事である。

細菌学《さいきんがく》だけではなく、あらゆる学問においても、あてはまる言葉だと思いませんか?

九　福沢諭吉《ふくざわゆきち》への恩返《おんがえ》し

一九一六（大正五）年、柴三郎のもとに一人の男が訪《たず》ねてきました。

「わたしは慶應義塾《けいおうぎじゅく》で理事をしている者ですが、北里先生にぜひともお願いしたいことがございまして、こうしてまいりました。」

慶應義塾《けいおうぎじゅく》といえば、柴三郎の人生の恩師《おんし》といえる福沢諭吉《ふくざわゆきち》が創設《そうせつ》した私立《しりつ》大学です。

柴三郎は、この男が何をお願いしにきたのか、すぐにわかりました。

「医学科を設置《せっち》されるのですね。」

「まさしく。つきましては先生に、その長になっていただきたいと、理事会一同で決定いたしましたわけでございます。」

柴三郎は以前《いぜん》から、日本の医学の発展《はってん》のために、医師《いし》を育てる教育機《き》関《かん》をもっと増《ふ》やさなければいけないと主張《しゅちょう》していました。

「よろこんでお引き受けしましょう。」

断《ことわ》る理由など、一つもありませんでした。

「慶應義塾《けいおうぎじゅく》に医学所をもうけられていた福沢《ふくざわ》先生がいまも生きていらっしゃれば、医学科の設立《せつりつ》は当然《とうぜん》の流れでしょう。」

このときから四十年以上《いじょう》も昔の話です。福沢《ふくざわ》は一八七三（明治《めいじ》六）年、慶應義塾《けいおうぎじゅく》に、当時としてはめずらしいイギリス流医学を模範《もはん》とした医学所を設立《せつりつ》して、一八八〇（明治《めいじ》十三）年に財政難《ざいせいなん》で閉校になるまでに、約《やく》三百人の医師《いし》を世に出していました。

「福沢《ふくざわ》先生のご意志《いし》を、この北里がぜひともつがせていただきたいと思います。」

その日から、医学科を一つの医科大学と考えて、どこにどれほどの規《き》模《ぼ》の校舎《こうしゃ》を建《た》てるか、そのためにはどれほどの資金《しきん》が必要《ひつよう》か、といった問題の検討《けんとう》が始まりました。

柴三郎はさっそく、たのみになりそうな北里研究所の部下たちにいいつけました。

「どこか、利用《りよう》できそうな土地がないか、みんなで探《さが》してほしい。」

「わかりました。それで、広さはどれくらいあればよろしいでしょうか?」

「そうだなあ。」

少し考えてから、柴三郎は答えました。

「少なくとも、一万二千坪《つぼ》はいるだろう。」

一万二千坪《つぼ》といえば、現在《げんざい》の東京ドームが約一万五千坪《つぼ》ですから、その五分の四の広さになります。

それを耳にした慶應義塾《けいおうぎじゅく》の担当者《たんとうしゃ》は、目を丸くしていいました。

「そんなに広い土地がいるのですか?」

きかれた人が、いい返しました。

「少なくとも、ですよ。実際《じっさい》はもっと広くなければいけない、ということになります。」

柴三郎が頭にえがいていた医科大学が、いかに本格的《ほんかくてき》な教育施設《しせつ》であったかは、これだけでもよくわかります。

いろいろと探《さが》しまくった末《すえ》、柴三郎たちは東京・四谷区《よつや》(現在《げんざい》の新宿《しんじゅく》区の一部)信濃町《しなのまち》にある約二万二千坪《つぼ》の軍用地に目をつけました。何度か話し合いをつづけた末《すえ》に、はらい下げてもらうことができました。

同時に、各方面に呼《よ》びかけていた寄付金《きふきん》もたまってきて、一九二〇(大正九)年十一月には、付属《ふぞく》病院もふくめたすべての施設《しせつ》が完成《かんせい》したのです。

「よか。これで、あの世にいる福沢《ふくざわ》先生も、よろこんでくださるにちがいない。」

当初《とうしょ》、慶應義塾医科大学《けいおうぎじゅく》と呼《よ》ばれていた名称《めいしょう》は、このときまでに、慶《けい》應義塾《おうぎじゅく》大学医学部に改《あらた》まっていました。その開設《かいせつ》にあたり、初代《しょだい》医学部長として、柴三郎は次のようなあいさつを述《の》べています。

「わたしは、いまは亡《な》き福沢《ふくざわ》先生の門下生ではありませんが、先生から恩義《おんぎ》を受けたことでは、門下生以上《いじょう》です。それゆえ、未熟《みじゅく》ではありますが、先生に少しでもご恩《おん》返しできればと思い、この大役を引き受けました。」

医学部の教授陣《きょうじゅじん》には、北島多一《きたじまたいち》、志賀潔《しがきよし》、秦佐八郎《はたさはちろう》、宮島幹之助《みやじまみきのすけ》など、柴三郎が伝染病《でんせんびょう》研究所で育てあげた多くの優秀《ゆうしゅう》な人材が名をつらねました。

「この新しい医科大学は、多年にわたって医学界の悪《あ》しき習慣《しゅうかん》になっている、各科の治療《ちりょう》上の分立を防《ふせ》ぎ、基礎《きそ》医学と臨床《りんしょう》医学の連立を緊密《きんみつ》にして、学内では所員一同、家族のように寄《よ》りそい合い、全員で医学の向上に努力《どりょく》することを特色《とくしょく》にしたいと思います。」

ここでいう「治療《ちりょう》上の分立」とは、たとえば内科であれば内科のことしか考えない、耳鼻科《じびか》であれば耳鼻科《じびか》のことしか考えないといった、医《い》療現場《りょうげんば》でせまい考えにとらわれている実態《じったい》をさしています。

「それではいけない。病気を治《なお》すには、より多くの科が協力《きょうりょく》し合うことが大切だ」と、柴三郎は考えたのです。

また、「基礎《きそ》医学」とは、解剖《かいぼう》や実験《じっけん》や観察《かんさつ》などによって、医学の基《き》礎《そ》分野を研究することです。人体の構造《こうぞう》や機能《きのう》、メカニズムについて研究し、それによって病気はなぜ起きるのか、どうしたら治《なお》せるのか、といった問題を明らかにしようとするものです。

これに対して「臨床《りんしょう》医学」とは、医療《いりょう》の現場《げんば》すなわち病院や診療所《しんりょうじょ》で、医師《いし》が実際《じっさい》に患者《かんじゃ》の診療《しんりょう》と治療《ちりょう》をおこなうものです。

柴三郎は、この二つの、ぱっとみたところべつもののような医学の分野を、同じ屋根の下にそろえたいと思っていました。

日ごろ、自分の生き方を四字熟語《じゅくご》にして表すのが得意《とくい》だった柴三郎は、医学をめざす学生たちに、こんなふうにいっています。

「わたしがきみたち学生を教育しようとするとき、最初《さいしょ》に示《しめ》したいのは、福沢《ふくざわ》先生の教えにあった〈独立不羈《どくりつふき》〉という言葉です。」

不羈《ふき》の「羈《き》」とは、「馬や牛などにたずなをかけて、動けないようにつなぎ止める」意味です。そこに「不《ふ》」がついていますから、意味は「つなぎ止められない」となります。独立不羈《どくりつふき》とは、「他の者からつなぎ止められることなく、みずからの考えで行動し、責任《せきにん》をもつ」態度《たいど》です。

また、柴三郎がことあるごとに口にしたのは「終始一貫《しゅうしいっかん》」という言葉でした。終始一貫《しゅうしいっかん》とは「最初《さいしょ》から最後《さいご》までずっと変わらない」態度《たいど》や行動をいいます。

慶應義塾《けいおうぎじゅく》大学医学部の付属《ふぞく》病院がスタートしたとき、あったのは内科、外科《げか》、理学科、眼科《がんか》、産婦人科《さんふじんか》、耳鼻科《じびか》、皮膚泌尿器科《ひふひにょうきか》、歯科、神経科《しんけいか》、小児科《しょうにか》の合わせて十科でした。

初《はじ》めて病院にやってきた人が、感心したみたいにいいました。

「これだけの科があれば、どんな病気になっても治《なお》してもらえそうですね。」

柴三郎は、胸《むね》をはって答えました。

「それぞれの科は、独立不羈《どくりつふき》の精神《せいしん》を大切にしながらも、自分たちの科だけを考えるのではなく、他の九科とのつながりを大切に、それこそ一家族のように寄《よ》りそって、不撓不屈《ふとうふくつ》の心構えで、日々の仕事に終始一貫《しゅうしいっかん》、とり組んでいくのです。」

一九二三（大正十二）年、柴三郎は全国の医師《いし》の集まりを一つにたばねた日本医師会《いしかい》を創設《そうせつ》して、初代《しょだい》会長になりました。七十歳《さい》になっていました。細菌《さいきん》学者になろうと思ったときにちかった「伝染病《でんせんびょう》の撲滅《ぼくめつ》」をめざして、あいかわらず多忙《たぼう》な日々を送っていました。

しかし、気がかりなこともありました。

「昨年、妻《つま》が心臓《しんぞう》をわずらっていることがわかったんだ。あまり無理《むり》をしないようにとはいっておるのだが……。」

ある日、土筆ヶ岡養生園《つくしがおかようじょうえん》の事務長《じむちょう》としてむかえ入れてから長いつき合いの田端重晟《たばたしげあき》に、柴三郎は打ち明けました。

「そうでしたか。それはご心配で。」

柴三郎と田端《たばた》は、福沢諭吉《ふくざわゆきち》の紹介《しょうかい》で知り合ってから、養生園《ようじょうえん》だけではなく、伝染病《でんせんびょう》研究所の運営《うんえい》や移転《いてん》、北里研究所の設立《せつりつ》など多くの事業を進める上で、二人三脚《ににんさんきゃく》といってもよいつき合いをつづけてきました。おたがいに、かくしごとなどないあいだがらでした。

そんな田端《たばた》の妻《つま》が急病で亡《な》くなったのは、一九二六（大正十五）年五月でした。

「すぐに帰ってあげなさい。」

「ありがとうございます。先生も、奥様《おくさま》をお大事になさってください。」

おたがいにいたわりの声をかけ合って、田端《たばた》が葬式《そうしき》をあげるために郷里《きょうり》に帰ってから一週間後のことでした。入院中だった柴三郎の妻《つま》が、亡《な》くなってしまったのです。

柴三郎は、男泣《おとこな》きに泣《な》きました。

妻《つま》の乕《とら》は、柴三郎より十四歳《さい》も年下でした。わずか十六歳《さい》のときに嫁《よめ》入《い》りしてきて、それから四十年以上《いじょう》の歳月《さいげつ》、気丈《きじょう》な性格《せいかく》を発揮《はっき》して家庭を守ってきたのです。

「わたしよりずっと長生きすると思っていたのに、どうしてこんなにも早く……」

人生の恩人《おんじん》、福沢諭吉《ふくざわゆきち》を亡《な》くし、医学界の恩人《おんじん》、ローベルト・コッホを亡《な》くし、いま、家庭生活の恩人《おんじん》といってもいい鬨《とら》を亡《な》くした柴三郎は、あふれるなみだをぬぐいもせずに、号泣《ごうきゅう》をつづけました。

十 晩年《ばんねん》の柴三郎

元号が大正《たいしょう》から昭和《しょうわ》に改《あらた》まり、一九二八（昭和《しょうわ》三）年、柴三郎は慶應《けいおう》義塾《ぎじゅく》大学医学部の部長から身を引きました。年をとって、体力も、それから気力も少し、これまでのような勢《いきお》いをなくしてきたからです。

ある日の早朝、柴三郎はいつものように目をさますと、ふとんからぬけ出しました。

「五時半になったか。」

寝室《しんしつ》の柱時計の針《はり》がよくみえるように、枕《まくら》もとの明かりをつけました。寝《ね》ているとき、玄関《げんかん》のポストに朝刊《ちょうかん》が投げこまれる音をきいていました。

「どれどれ。」

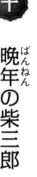

和服に着がえると、静《しず》かに歩いて玄関《げんかん》にいきました。ポストから新聞を引きぬきます。その足で居間《いま》へ向かいました。部屋の中がまだ暗いので、いつもの場所にすわると、明かりをつけて、新聞を広げました。

新聞の記事をはしからはしまで読むと、今度は、机《つくえ》の上においてあった本を手にとりました。きのうの朝まで読んでいたページをひらいて、つづきに目をとおし始めました。

外がだんだん明るくなってきました。庭から小鳥のさえずりがきこえてきます。大きな鳥のように思われる鳴き声もきこえます。

時計が午前七時を知らせました。

「どれ、いってみるか。」

やおら立ち上がり、玄関《げんかん》にいきました。高下駄《たかげた》をつっかけて表に出ました。広々とした庭園に向かって歩きます。

鳥たちの鳴いている声や、羽ばたく音が大きくなります。柴三郎の姿《すがた》をみつけて、いっせいにうれしそうに鳴き始めたのです。

青空が笑《わら》っているような、好天気です。

柴三郎は自宅《じたく》の庭でクジャクやタンチョウヅルなど、さまざまな鳥を飼《か》っていました。池には水鳥がたくさんうかんでいました。

「けさは、みんな元気かな。」

ゆっくりと歩いて、自らエサをまきあたえながら、一羽一羽、じっくりと観察《かんさつ》します。

「おや。」

キジバトでしょうか。一羽が池の近くに、横になってたおれています。脚《あし》がちぢこまり、クチバシを半分あけて、息が絶《た》えています。

「かわいそうにな。」

柴三郎はしゃがみこむと、キジバトの死骸《しがい》を手にとりました。

「何がいけなかったのかねえ。」

死骸《しがい》を両手で包《つつ》みこんで家の中にもどった柴三郎は、さっそく行動を開始しました。この鳥がどうして死んでしまったのか、解剖《かいぼう》して調べようというのです。

解剖用《かいぼうよう》のメスやピンセットを自在《じざい》にあやつっているときの柴三郎は、まさに医学者の目になっています。若《わか》い日に、ドイツのコッホ研究所で顕微鏡《けんびきょう》をのぞいていたときの目と同じ光を宿しています。

「ふむふむ。」

いくつかの確認《かくにん》作業を終えた後、どうやら死因《しいん》がわかったみたいです。

それから、柴三郎はふと気がつきました。

「待てよ。庭で飼《か》っていた鳥たちは、毎朝、わたしが庭に出るとうるさく鳴きさわぐので、ご近所迷惑《めいわく》になっていた。タンチョウヅルを二羽だけ残して、あとはすべて上野動物園に寄贈《きぞう》したんじゃなかったかな。」

そのとおりでした。

たったいままで、柴三郎は、庭で鳥たちを飼《か》っていたころを思い出して、夢《ゆめ》をみていたのです。長くて、幸せな夢《ゆめ》でした。

年をとるにつれて、柴三郎は昔の夢《ゆめ》をよくみるようになりました。夢《ゆめ》の中には、いまは亡《な》き福沢諭吉《ふくざわゆきち》やローベルト・コッホ、妻《つま》の乕《とら》はもちろん、これまでの人生をともに歩んできたたくさんの人たちが、入れかわり立ちかわり出てきました。

「ごめんください。お願いいたします。」

丸いメガネをかけて、ほそおもてで、うっすらと口ひげを生やしたその青年は、一八九二（明治《めいじ》二十五）年、柴三郎が芝公園《しばこうえん》に開所したばかりの伝染病《でんせんびょう》研究所にやってきました。

「はて。どのようなご用件《ようけん》でしょうか？」

応対《おうたい》に出た柴三郎がたずねると、初対面《しょたいめん》の青年はこう切り出しました。

「浅川《あさかわ》と申します。高知《こうち》の病院で医師《いし》をしていました。このほど、先生がこの場所に伝染病《でんせんびょう》研究所を開設《かいせつ》されたと知って、このわたしをぜひ、弟子《でし》として採用《さいよう》していただけないものかと思い、参上《さんじょう》しました。」

「弟子《でし》、ですか?」

「はい。わたしも先生と同じく、細菌学《さいきんがく》を研究しております。」

「うむ。しかし、いきなりいらっしゃって、そのようにいわれても。」

柴三郎は頭をかかえました。できたばかりの伝染病《でんせんびょう》研究所を、これからどうやって切り盛《も》りしていこうかといった計画も、まだしっかりと立っていなかったのです。

「それに、細菌学《さいきん》とおっしゃったが、その研究の中身もよくわからない。」

これは、せっかくきてもらったけれど、丁重《ていちょう》に断《ことわ》るしかないだろう。そう思った柴三郎でしたが、浅川《あさかわ》と名乗った青年は、ふところから一通の書状《しょじょう》をとり出しました。

「岡田軍医正《おかだぐんいせい》からの紹介状《しょうかいじょう》であります。ぜひ、お目をとおしていただきたく、よろしくお願いいたします。」

「岡田軍医正《おかだぐんいせい》……」

その名は岡田国太郎《おかだくにたろう》といいました。柴三郎の大学時代の後輩《こうはい》です。ドイツ留学中《りゅうがくちゅう》には、柴三郎の後から同じ留学生《りゅうがくせい》としてベルリンにやってきました。柴三郎があいだをとりもってコッホに師事《しじ》した細菌《さいきん》学者で、軍《ぐん》医《い》でもありました。出直してこい、とはいえなくなりました。

「そうですか。では、仕方ねえか。」

こうして、伝染病《でんせんびょう》研究所での柴三郎の研究助手になったのが、当時二十九歳《さい》の医師《いし》、浅川範彦《あさかわのりひこ》でした。

いざ使ってみると、浅川《あさかわ》は思った以上《いじょう》に優秀《ゆうしゅう》なことがわかってきました。

「きみを助手にしたのはまちがっていなかったよ、浅川《あさかわ》くん。よくやってくれている。」

「ありがとうございます。どれもこれも先生のおかげと、感謝《かんしゃ》しております。」

その後、国立伝染病研究所《でんせんびょう》の部長となった浅川《あさかわ》は、「浅川式《あさかわしき》」といわれる丹毒《たんどく》（皮膚病《ひふびょう》の一つ）の治療法《ちりょうほう》、ジフテリア血清療法《けっせいりょうほう》の研究や、腸《ちょう》チフスの診断法《しんだんほう》などを開発し、講習生《こうしゅうせい》の手引きになる『実習細菌学《さいきんがく》』という本を三冊《さつ》も書きました。

「浅川《あさかわ》くん。まったく、きみの活躍《かつやく》なしに、わが研究所の発展《はってん》はなかっただろう。」

浅川《あさかわ》の返事がありません。

「どこへいったんやろうか？　浅川《あさかわ》くん。」

目をさました柴三郎は、浅川《あさかわ》がとっくの昔に病《やまい》にたおれて、この世の人ではなくなっていることに気がつきました。

浅川《あさかわ》が亡《な》くなった一九〇七（明治四十《めいじ》）年、柴三郎は、この愛弟子《まなでし》のはなばなしかった活躍《かつやく》を後世に伝《つた》えようと、「ある分野で創造的《そうぞうてき》かつ主導的《しゅどうてき》な研究を行い、学会の発展《はってん》に顕著《けんちょ》な貢献《こうけん》をした研究者を対象《たいしょう》にした」浅川賞《あさかわしょう》を設定《せってい》しました。

師《し》が弟子《でし》の業績《ぎょうせき》をたたえて設《もう》けた賞《しょう》というのは、世界でもほとんど例がありません。

一九三一（昭和六）年六月十三日の朝でした。いつもの時間をすぎても、柴三郎が起きてくる気配がないので、お手伝《てつだ》いさんが、寝室《しんしつ》へ様子をみにいきました。

柴三郎は、ねまき姿《すがた》のまま、ふとんの近くのたたみの上に、横になってたおれていました。

「だんなさま。」

思い起こすと、夜中の三時半ごろだったでしょうか、柴三郎の寝室《しんしつ》から大きないびきがきこえていたような気がします。でも、大きないびきはめずらしいことではありません。お手伝《てつだ》いさんはそのまま、ふとんをかぶり直してねむってしまっていました。

いま、その大いびきは、すっかり静《しず》かになっています。声をかけても、目をさましません。体はぴくりとも動きません。

「ああ、大変《たいへん》だ。」

すぐに医者が呼《よ》ばれました。

「先生、北里先生！」

医師《いし》はできるかぎりの手をつくしました。しかし、柴三郎のまぶたが再《ふたた》びひらくことはありませんでした。

「残念《ざんねん》です。先生は亡《な》くなられました。」

死因《しいん》は脳溢血《のういっけつ》でした。寝《ね》ているあいだに、脳《のう》の血管《けっかん》が破《やぶ》れたのです。

伝染病《でんせんびょう》の撲滅《ぼくめつ》をめざして無我夢中《むがむちゅう》で走りつづけてきた人生は、ついにゴールへ達《たっ》しました。享年《きょうねん》七十八歳《さい》でした。

細菌学《さいきんがく》の研究をとおして、近代日本医学の父と呼《よ》ばれるようになった北里柴三郎の生涯《しょうがい》は、こうして幕《まく》をとじました。ドンネルのひびきは、空のかなたへと消えました。


しかし、柴三郎が生涯《しょうがい》をかけて築《きず》き上げた日本の細菌学《さいきんがく》の偉大《いだい》な足跡《あしあと》は、だれにも消せません。北里研究所は一九六二（昭和三十七）年、創《そう》立《りつ》五十周年の記念《きねん》事業として学校法人北里学園北里大学を創設《そうせつ》しました。二〇〇八（平成二十）年、北里研究所と北里大学は統合《とうごう》されました。

柴三郎が後世にたくした「伝染病《でんせんびょう》の撲滅《ぼくめつ》」をちかったバトンは、いまも多くの後継者《こうけいしゃ》たちの手から手へとわたりながら、運ばれつづけているのです。

おわりに

たからしげる

北里柴三郎が送った人生をふり返って、みなさんはどんな感想をもちましたか?

柴三郎は子どものころ、「将来《しょうらい》はりっぱな武士《ぶし》になって、世のためにつくしたい」という気持ちを、よく口にしていました。

ところが、江戸《えど》時代が終わって明治《めいじ》の世になると、なりたかった武士《ぶし》がいなくなってしまいました。すると、柴三郎は「将来《しょうらい》はりっぱな軍人《ぐんじん》になって、世のためにつくしたい」と、言葉を変《か》えたのです。

成長《せいちょう》して、「軍人《ぐんじん》になるより医者になりなさい」という親のすすめにしたがって熊本《くまもと》医学校に進んだ柴三郎でしたが、初《はじ》めのうちは「医者と僧侶《そうりょ》は一人前の人間がやるような仕事ではない」などといって、ひそかに軍人《ぐんじん》、または政治家《せいじか》になる道を探《さぐ》っていました。

そんなとき、恩師《おんし》のマンスフェルト先生から「世の中の役に立とうというのなら、医学もまた、学ぶのにたいへん価値《かち》のある学問です」といわれて、医者という手もあるかもしれないな、と考えました。

そんなある日、顕微鏡《けんびきょう》でのぞいた世界に魅了《みりょう》された柴三郎は、「将来《しょうらい》はりっぱな医者になって、世のためにつくしたい」という気持ちを、だんぜん強くしたのです。

ここで気がつく人がいるかもしれません。柴三郎は将来《しょうらい》の目標《もくひょう》をころころと変《か》えたわけではありません。武士《ぶし》になろうと、軍人《ぐんじん》や政治家《せいじか》になろうと、医者になろうと、めざすべきは「世のためにつくす」ことでした。

みなさんは、将来《しょうらい》の夢《ゆめ》がありますか?

もし、将来《しょうらい》の夢《ゆめ》を口にするなら、たとえばプロのミュージシャンになりたい、宇宙《うちゅう》のなぞを研究する学者になりたい、一流のサッカー選手になりたい、といった希望《きぼう》を表明するとともに、そうなることによって最《さい》終的《しゅうてき》にめざすものは何か、を考えてみてください。

それが柴三郎のように「世のためにつくしたい」という思いにつながれば、どんな夢《ゆめ》でも、きっとかなえられるでしょう。人はさまざまな仕事をもつことで、だれもが世のためにつくすことができるからです。

この本を書いているとき、新型《しんがた》コロナウイルス感染症《かんせんしょう》（COVID－19）が、日本をはじめとして世界各国に広がり始めました。人類《じんるい》がまだ経験《けいけん》したことのない、二〇二一年二月現在《げんざい》、治療法《ちりょうほう》のみつからない感染《かんせん》症《しょう》です。

柴三郎がいま、この世に生きていたら、どうやってこの病気とたたかうだろうかと、ふと思ってしまいました。

柴三郎の生き方に感銘《かんめい》を受けたら、みなさんもまた「次代の柴三郎」をめざして、世のためにつくす道を探《さぐ》ってみませんか。

資《し》料《りょう》

北里柴三郎《きたさとしばさぶろう》

柴三郎をとりまく人びと

柴三郎の師《し》となった人や恩人《おんじん》、教え子たちを紹介《しょうかい》します。

恩師《おんし》・恩人《おんじん》

マンスフェルト

一八三二年〜一九一二年

コンスタント・ゲオルグ・ファン・マンスフェルト

オランダの予備海軍軍医《よびかいぐんぐんい》。長崎《ながさき》・出島《でじま》のオランダ館《かん》の医師《いし》として来日し、長崎《ながさき》医学校の前身である精得館《せいとくかん》で教えた。その後、熊本《くまもと》医学校で教育と医療《いりょう》に従事《じゅうじ》した。学生の柴三郎に、国民《こくみん》を健康《けんこう》にし国家を守る医学の重要性《じゅうようせい》をつたえ、医学の最前線《さいぜんせん》の中で勉強・研究に専念《せんねん》するべきと、道を示《しめ》した。

コッホ

一八四三年〜一九一〇年

ローベルト・コッホ

ドイツの医師《いし》、細菌学者《さいきんがくしゃ》。世界で初《はじ》めて細菌《さいきん》の顕微鏡《けんびきょう》写真の撮影《さつえい》に成功《せいこう》。コレラ菌《きん》などを発見し、病気と病原菌《びょうげんきん》の関係《かんけい》を科学的《かがくてき》に証明《しょうめい》する「コッホの要件《ようけん》」を発表した。ノーベル生理学・医学賞《しょう》を受賞《じゅしょう》。柴三郎とは生涯《しょうがい》にわたり、国境《こっきょう》をこえた深い師弟《してい》のきずなを結《むす》んだ。

福沢諭吉《ふくざわゆきち》

一八三五年～一九〇一年

武士《ぶし》、蘭学者《らんがくしゃ》、作家、思想家《しそうか》、教育者。慶應義塾《けいおうぎじゅく》（前身は蘭学塾《らんがくじゅく》、現在《げんざい》の慶應義塾《けいおうぎじゅく》大学）を創設《そうせつ》。柴三郎の伝染病《でんせんびょう》研究所（現在《げんざい》の東京大学医科学研究所）、土筆ヶ岡養生園《つくしがおかようじょうえん》（現在《げんざい》の東京大学医科学研究所付属《ふぞく》病院）の創設《そうせつ》につくした。新聞「時事新報《しんぽう》」を創刊《そうかん》し、政治《せいじ》、時事、社会、婦人《ふじん》など幅広《はばひろ》い分野で持論《じろん》を発表。『西洋事情』『学問のすすめ』など、新しい知識《ちしき》を広めた。一九八四（昭和五十九）年から一万円札《さつ》の肖像画《しょうぞうが》に選ばれている。

▲コッホ研究室のメンバーとの集合写真。後列の左から４番目が柴三郎。1887 年

コッホが亡《な》くなったとき、柴三郎は深い悲しみにくれ、コッホの遺髪《いはつ》をご神体として祠《ほこら》を建《た》てて恩師《おんし》をしのんだ。のちに柴三郎が亡《な》くなったときには、門下生たちが柴三郎のための祠《ほこら》を建《た》てた。現在《げんざい》は、北里研究所の守護神《しゅごしん》、敬《うやま》い恩《おん》に報《むく》いることのしるし「コッホ・北里神社」としてまつられている。

写真は全て、学校法人北里研究所　提供

森村市左衛門《もりむらいちざえもん》

一八三九年〜一九一九年

武具商《ぶぐしょう》、陶磁器業《とうじきぎょう》などをいとなんだ森村家の六代目。この名前は、歴代《れきだい》当主が襲名《しゅうめい》している。明治時代に民間《みんかん》で初《はじ》めての日米貿易《ぼうえき》事業を開始し、輸出用《ゆしゅつよう》の陶磁器《とうじき》の生産《せいさん》と卸《おろし》によって、一代で財閥《ざいばつ》をきずくほどの実業家となった。柴三郎の活動をささえ、伝染病《でんせんびょう》研究所や、柴三郎が伝染病《でんせんびょう》研究所から独立《どくりつ》して設立《せつりつ》した北里研究所に、多額《たがく》の寄付《きふ》を行った。

学校法人北里研究所　提供

緒方正規《おがたまさのり》

一八五三年〜一九一九年

衛生学者《えいせいがくしゃ》、細菌学者《さいきんがくしゃ》。熊本《くまもと》医学校では柴三郎とともにマンスフェルトから学んだ。東京大学医学部を卒《そつ》業後《ぎょうご》ドイツに留学《りゅうがく》。帰国後、東京で柴三郎の師《し》となり、ドイツ留学《りゅうがく》のときコッホに紹介状《しょうかいじょう》を書いている。緒方《おがた》が発表した脚気病原菌説《かっけびょうげんきんせつ》を、柴三郎がドイツ留《りゅう》学中《がくちゅう》に反論《はんろん》したことで、北里は東大の医学部と対立しつづけることになった。しかし、私生活《しせいかつ》では晩年《ばんねん》まで交流がつづいた。

門下生

野口英世《のぐちひでよ》

一八七六年～一九二八年

福島《ふくしま》県出身。伝染病《でんせんびょう》研究所に入所後、横浜《よこはま》港の検疫所《けんえきじょ》でペスト患者《かんじゃ》を発見し、日本上陸をふせいだ。アメリカのロックフェラー研究所員として中南米の伝染病《でんせんびょう》の調査《ちょうさ》研究を行う。黄熱病《おうねつびょう》の研究でも知られる。二〇〇四（平成十六）年から千円札《さつ》の肖像画《しょうぞうが》に選ばれている。

学校法人北里研究所 提供

志賀潔《しがきよし》

一八七一年～一九五七年

仙台藩士《せんだいはんし》の子として生まれた。伝染病《でんせんびょう》研究所に入所し、赤痢菌《せきりきん》の発見とともに化学療法《りょうほう》を研究した。赤痢菌《せきりきん》の学名（属名）は志賀《しが》の名にちなんでいるが、主な病原細菌《さいきん》の学名に日本人の名前が使われているのは、たいへんめずらしく、世界に通用する研究を成《な》しとげたということでもある。

北島多一《きたじまたいち》

一八七〇年～一九五六年

石川《いしかわ》県出身。東京帝国《ていこく》大学医科大学を卒業《そつぎょう》し伝染病《でんせんびょう》研究所に入る。柴三郎の右腕《みぎうで》として力をはっきし、蛇《へび》、ハブの抗毒血清《こうどくけっせい》の製造《せいぞう》に成功《せいこう》している。北里の死後は、北里研究所所長に就任《しゅうにん》した。第二代日本医師会《いしかい》会長。（初代《しょだい》は北里柴三郎）

資料

北里柴三郎をもっと知ろう

命をまもる細菌学《さいきんがく》

細菌学《さいきんがく》は、多くの人の命をすくう研究です。これらの伝染病《でんせんびょう》や感染症《かんせんしょう》は、どれもひどくなると死にいたるこわい病気です。けれど、その原因《げんいん》となる細菌《さいきん》を見つけて、それを増《ふ》やすことで、予防法《よぼうほう》や治療法《ちりょうほう》を考えることができるようになります。

結核菌《けっかくきん》はコッホが、ペスト菌《きん》は柴三郎が、発見しました。

結核《けっかく》

結核菌《けっかくきん》は、くしゃみやせきなどで空気中に飛《と》びちります。そして、それを吸《す》いこんだ人が感染《かんせん》してしまいます。

破傷風《はしょうふう》

破傷風菌《はしょうふうきん》は土などに常《つね》に存在《そんざい》している細菌《さいきん》です。傷口《きずぐち》から体のなかに入りこんで増《ふ》え、菌《きん》がつくりだす毒《どく》素によって、呼吸《こきゅう》がくるしくなったり、筋肉《きんにく》がこわばったりします。

ペスト

ペスト菌《きん》を持《も》つネズミやノミにかまれたり、空気中にただようペスト菌《きん》を吸《す》いこむことで感染《かんせん》します。熱《ねつ》が出たり、頭痛《ずつう》がしたりします。

▲創立《そうりつ》当時の北里研究所

画像はすべて、学校法人北里柴三郎研究所　提供

嫌《けん》気《き》性《せい》菌《きん》培《ばい》養《よう》装《そう》置《ち》

世界で初《はじ》めて破《は》傷《しょう》風《ふう》菌《きん》の純《じゅん》粋《すい》培《ばい》養《よう》に成《せい》功《こう》したのは、柴三郎です。

柴三郎は、破《は》傷《しょう》風《ふう》菌《きん》が酸《さん》素《そ》を嫌《きら》う嫌《けん》気《き》性《せい》菌《きん》というタイプの菌《きん》だとつきとめ、破《は》傷《しょう》風《ふう》菌《きん》だけを増《ふ》やすために、酸《さん》素《そ》を取りのぞいた環《かん》境《きょう》を作る「嫌《けん》気《き》性《せい》菌《きん》培《ばい》養《よう》装《そう》置《ち》」を開発したのです。器具を組み合わせてつくった、円《えん》盤《ばん》状《じょう》のガラス器具「亀《かめ》の子シャーレ」の中に、水《すい》素《そ》ガスを通し、空気ごと酸《さん》素《そ》を追い出すという仕組みです。

それは、画《かっ》期《き》的《てき》な装《そう》置《ち》でした。

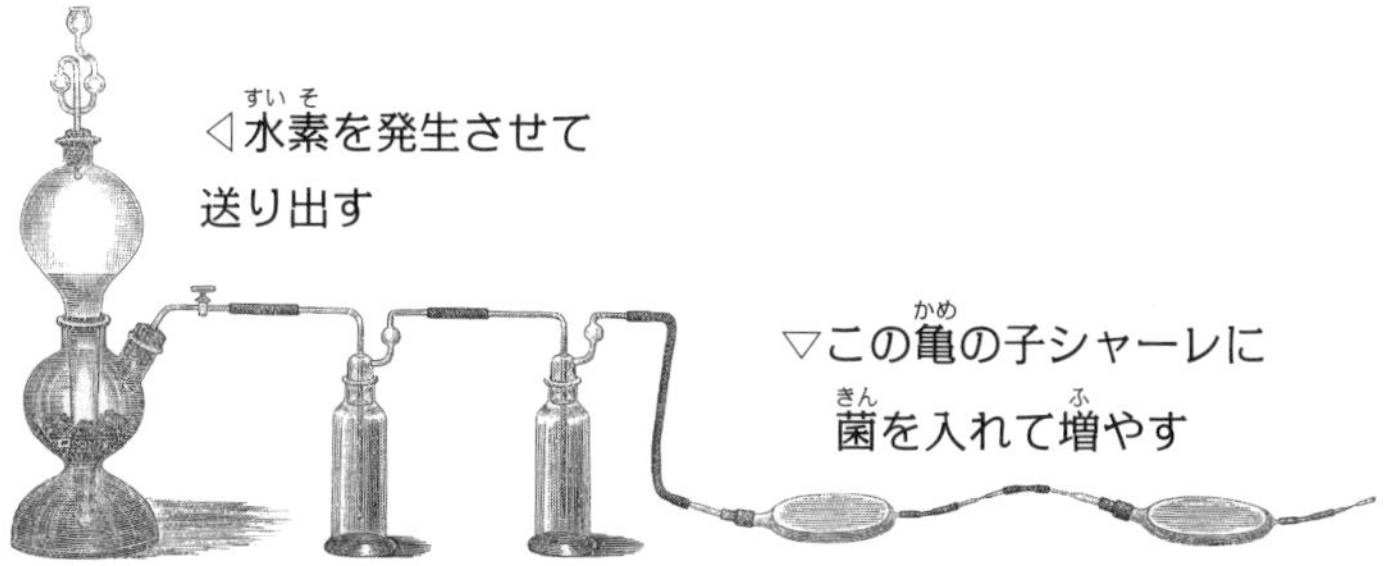

◀嫌《けん》気《き》性《せい》菌《きん》培《ばい》養《よう》装《そう》置《ち》

▲ドイツ留《りゅう》学《がく》中《ちゅう》の柴三郎「嫌《けん》気《き》性《せい》菌《きん》培《ばい》養《よう》装《そう》置《ち》 を手にして」1889 年

だれもができる予防《よぼう》や治療《ちりょう》

柴三郎がとくに力を入れて予防《よぼう》を呼《よ》びかけていたのが結核《けっかく》です。当時は、治《なお》らない不治《ふじ》の病《やまい》と言われて、人びとに恐《おそ》れられていました。

柴三郎が監修《かんしゅう》をしてつくった「結核退治絵解《けっかくたいじえとき》」には、結核《けっかく》についての知《ち》識《しき》や、治療法《ちりょうほう》、予防法《よぼうほう》などが、子どもにも分かりやすくしめされています。

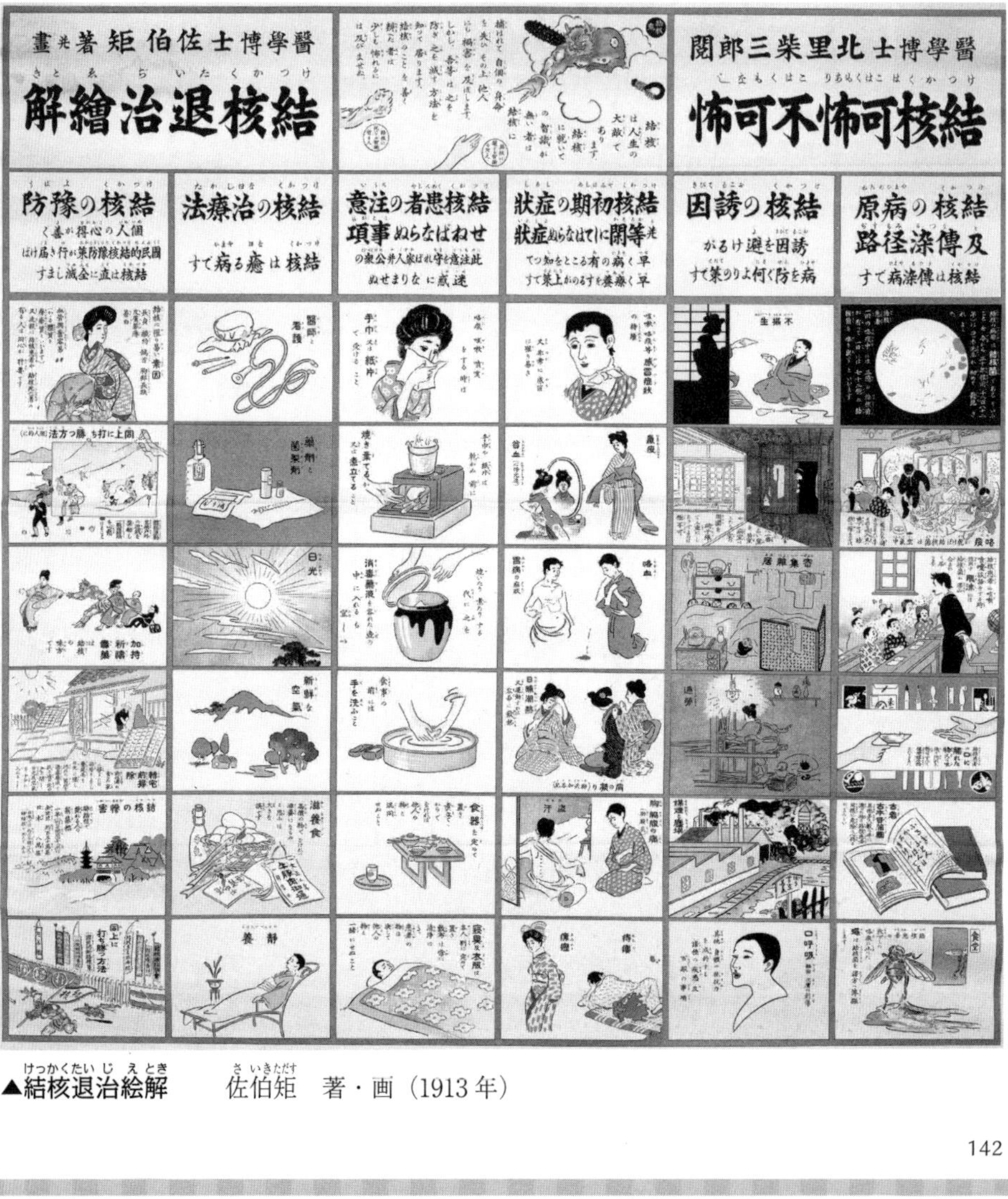

▲結核退治絵解《けっかくたいじえとき》　佐伯矩《さいきただす》　著・画（1913年）

例えばこんなことが……　大切なことは現在《げんざい》も同じですね。

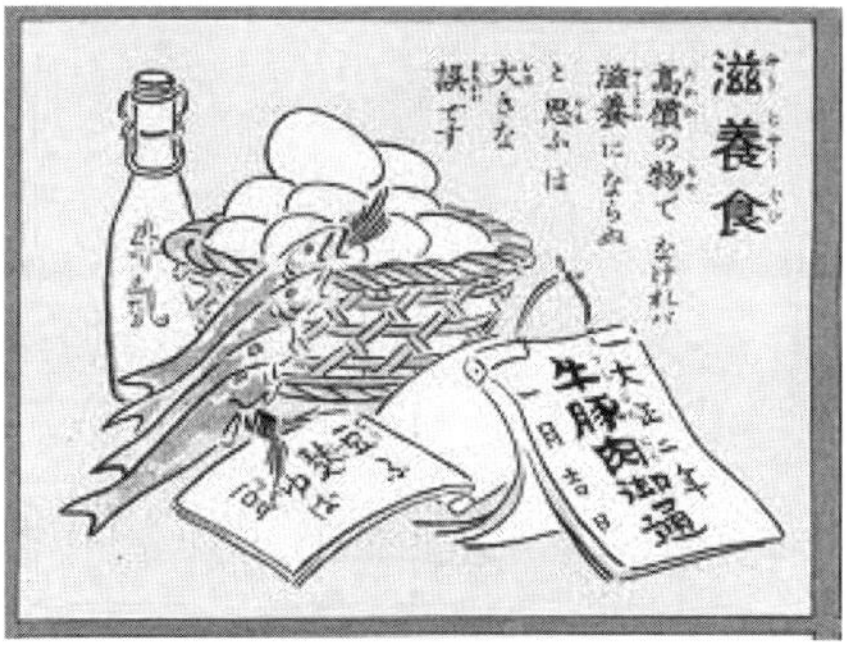

▲治療法《ちりょうほう》・滋養食《じようしょく》（栄養《えいよう》のある食べもの）

▲治療法《ちりょうほう》・きれいな空気

▲注意・食事の前には手を洗《あら》う

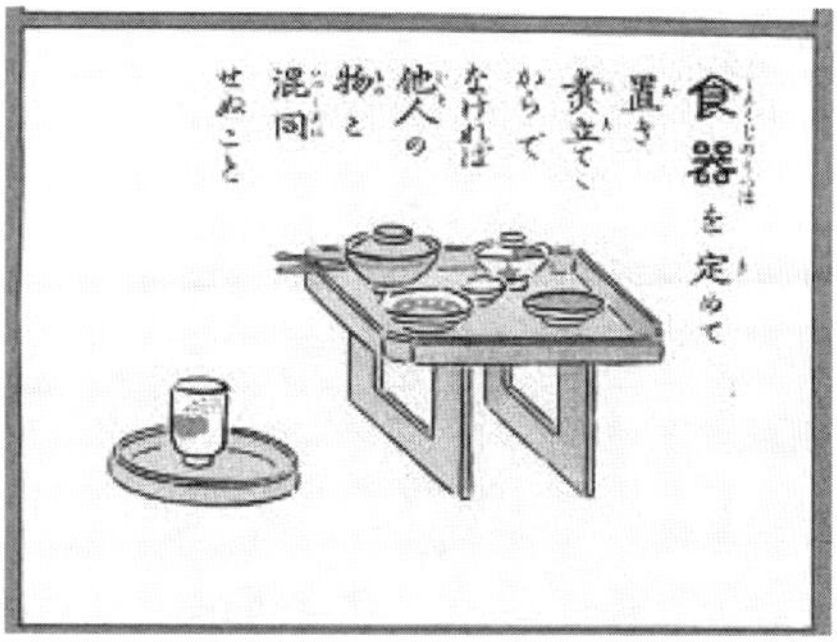

▲注意・食器を決めて、他人の物と混同《こんどう》しない

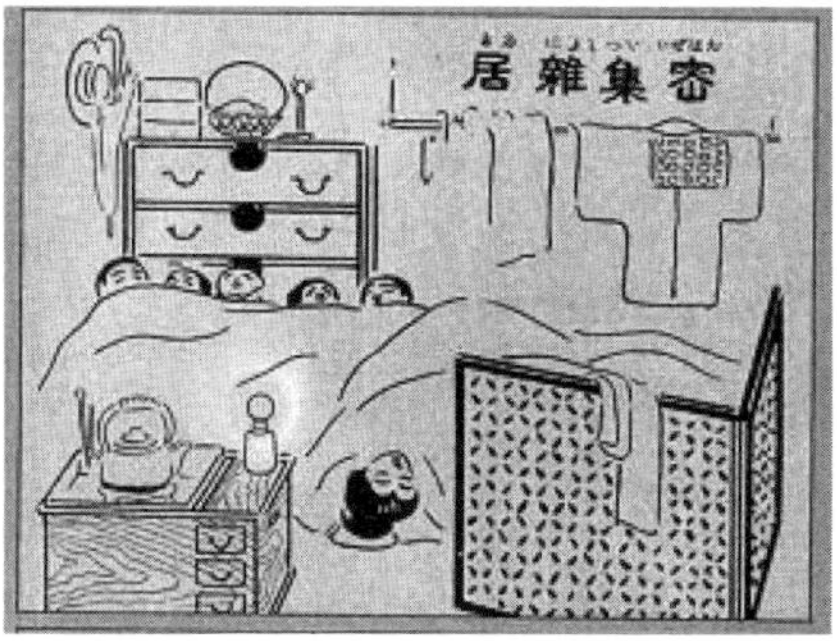

▲要因《よういん》・密集雑居《みっしゅうざっきょ》

▲病原《びょうげん》・せきや話をするときに出す「飛《ひ》まつ」には菌《きん》がふくまれている

画像はすべて、学校法人北里柴三郎研究所　提供

柴三郎の人生と、生きた時代

柴三郎の人生におきた出来事を見ていきましょう。
どんな時代、どんな社会を生きたのでしょうか。

時代	西暦	年齢	柴三郎の出来事	世の中の出来事
江戸	一八五三	0歳	一月二十九日（旧暦《きゅうれき》十二月二〇日）現在《げんざい》の熊本《くまもと》県阿《あ》蘇《そ》郡小国《おぐに》町に生まれる	ペリーが来航《らいこう》
	一八六一	八歳	橋本《はしもと》家にあずけられ、漢学者の伯父《おじ》から四書五経を教わりはじめる	
明治	一八七一	十八歳	熊本《くまもと》医学校に入学。マンスフェルト医師《いし》に師事《しじ》し、医学の道を志す	廃藩置県《はいはんちけん》が行われる 郵便創業《ゆうびんそうぎょう》
	一八七四	二十一歳	東京医学校（現在《げんざい》の東京大学医学部）に入学	
	一八七八	二十五歳	「医道論《いどうろん》」を書き、同盟社《どうめいしゃ》にて予防医学《よぼういがく》を力説《りきせつ》	東京証券《しょうけん》取引所開設《かいせつ》
	一八八三	三〇歳	乕《とら》と結婚《けっこん》 東京大学医学部を卒業《そつぎょう》し、内務省衛生局《ないむしょうえいせいきょく》に入局	
	一八八五	三十二歳	ドイツへ留学《りゅうがく》を命じられる	内閣制度《ないかくせいど》が発足

明治			
一八八六	三十二歳	ドイツへ留学《りゅうがく》し、ベルリン大学のローベルト・コッホに師事《しじ》する 緒方正規《おがたまさのり》が発表した脚気《かっけ》病原菌《きん》説に異《い》をとなえ、東大の医学部と対立することになる	
一八八九	三十六歳	世界初《はつ》の破傷風菌《はしょうふうきん》の純粋培養《じゅんすいばいよう》に成功《せいこう》	大日本帝国憲法《ていこくけんぽう》発布
一八九〇	三十七歳	破傷風菌《はしょうふうきん》の毒素《どくそ》に対する免疫抗体《めんえきこうたい》を発見 ジフテリア毒素《どくそ》と破傷風菌毒素《はしょうふうきんどくそ》に対する、血清療法《けっせいりょうほう》を確立《かくりつ》する 留学《りゅうがく》期間を一年延長《えんちょう》する	第一回衆議院議員総選挙《さんぎいんぎいんそうせんきょ》を行う 電話事業の開始
一八九一	三十八歳	医学博士《はかせ》の学位を受ける	足尾銅山鉱毒事件《あしおどうざんこうどくじけん》
一八九二	三十九歳	帰国し、内務省《ないむしょう》に復職《ふくしょく》。帰国の際《さい》、ドイツ皇帝《こうてい》より「プロフェッサー（大博士）」の称号《しょうごう》を贈《おく》られる 福沢諭吉《ふくざわゆきち》らの協力《きょうりょく》により私立伝染病《しりつでんせんびょう》研究所（現在《げんざい》の東京大学医科学研究所）を設立《せつりつ》	
一八九三	四〇歳	日本最初《さいしょ》の結核専門《けっかくせんもん》病院「土筆ケ岡養生園《つくしがおかようじょうえん》」を設立《せつりつ》	
一八九四	四十一歳	伝染病《でんせんびょう》研究所を移転《いてん》 香港《ホンコン》へ調査派遣《ちょうさはけん》。ペスト菌《きん》を発見する	

時代	西暦	年齢	柴三郎の出来事	世の中の出来事
明治	一八九六	四十三歳	一年コースの看護婦《かんごふ》学校を開校	第一回オリンピック開催《かいさい》（ギリシャ・アテネ）
	一八九九	四十六歳	伝染病《でんせんびょう》研究所が国立に移管《いかん》され、所長に就任《しゅうにん》する	
	一九〇一	四十八歳	第一回ノーベル生理学・医学賞の公式候補《こうしきこうほ》に選ばれる 恩人の福沢諭吉《ふくざわゆきち》が亡くなる	
	一九〇六	五十三歳	日本連合医学会（現在《げんざい》の日本医学会）の会頭になる 帝国《ていこく》学士院会員に任命《にんめい》される	
			伝染病《でんせんびょう》研究所を白金台町に移転する	
	一九〇八	五十五歳	恩師《おんし》コッホ夫妻《ふさい》が来日。日本各地を案内《あんない》する	
	一九〇九	五十六歳	プロイセン王国（ドイツ）星章赤鷲第二等勲章を賜《たまわ》る	伊藤博文《いとうひろぶみ》が暗殺《あんさつ》される
	一九一〇	五十七歳	恩師《おんし》ローベルト・コッホが亡くなる	
	一九一一	五十八歳	恩賜財団済生会医務《おんしざいだんさいせいかいいむ》主管に就任《しゅうにん》する	
	一九一三	六〇歳	日本結核予防《けっかくよぼう》協会を設立《せつりつ》、理事長に就任《しゅうにん》する	

元号	年	年齢	できごと	社会のできごと
大正	一九一四	六十一歳	伝染病《でんせんびょう》研究所が東京帝国《ていこく》大学に合併《がっぺい》されるときに、それに反対して所長を辞任《じにん》 私費《しひ》を投じて北里研究所を設立《せつりつ》。初代《しょだい》所長となる	第一次世界大戦《たいせん》が開戦《かいせん》
大正	一九一五	六十二歳	恩賜財団済生会芝《おんしざいだんこうせいかいしば》病院（現在《げんざい》の東京都済生会《こうせいかい》中央病院）初代《しょだい》院長となる 北里研究所を竣工《しゅんこう》、開所式を行う	
大正	一九一六	六十三歳	府県の医師会を統合《とうごう》して大日本医師会を設立《せつりつ》し、会長に就任《しゅうにん》する 熊本《くまもと》県小国町に「北里文庫」を寄贈《きぞう》	
大正	一九一七	六十四歳	慶應義塾《けいおうぎじゅく》大学医学科（現在《げんざい》の医学部）の創立《そうりつ》に力をつくし、初代《しょだい》学部長となる 貴族院《きぞくいん》議員になる	ロシア革命《かくめい》がおこる
大正	一九一八	六十五歳	北里研究所が社団法人《しゃだんほうじん》として認可《にんか》される	第一次世界大戦《たいせん》が終戦《しゅうせん》 スペイン風邪《かぜ》が流行
大正	一九二三	七〇歳	日本医師会《いしかい》を創設《そうせつ》。初代《しょだい》会長に就任《しゅうにん》	関東大震災《かんとうだいしんさい》がおこる
大正	一九二四	七十一歳	男爵《だんしゃく》を賜《たまわ》る	
昭和	一九二八	七十五歳	医学部長を辞任《じにん》して、顧問《こもん》に就任《しゅうにん》	
昭和	一九三一	七十八歳	六月一三日、死去	満州事変《まんしゅうじへん》がおこる

記念館へ行こう

生まれ故郷《こきょう》や研究所など柴三郎のゆかりの地では、現在《げんざい》、資料《しりょう》の展示《てんじ》などが行われてます。

北里柴三郎記念館《きねんかん》 展示室《てんじしつ》

柴三郎の研究論文《けんきゅうろんぶん》や資料《しりょう》のほか、恩師《おんし》や門下生《もんかせい》など関係者《かんけいしゃ》についても紹介《しょうかい》しています。

〒 108-8641　東京都港区白金 5 丁目 9 番 1 号
TEL: 03-5791-6103
開室時間 : 午前 10 時から午後 5 時まで
（当面の間、午後 3 時まで）
開室日: 月曜日～金曜日（年末年始など休室日あり）
http://www.city.echizen.lg.jp/office/090/060/kakosatosi/ehonkan_home.html

北里柴三郎記念館

柴三郎が建《た》てた貴賓館《きひんかん》、北里文庫《ぶんこ》（図書館）を改修《かいしゅう》して、生家の復元《ふくげん》、遺品《いひん》などの展示《てんじ》をしています。

〒 869-2505　熊本県阿蘇郡小国町北里 3199
TEL: 0967-46-5466
開館時間：9:30 ～ 16:30
休館日：年中無休（ただし、12/29 ～ 1/3 をのぞく）
https://manabiyanosato.or.jp/kitazatomuseum/

資料提供・協力

学校法人　北里研究所

北里柴三郎記念館

参考資料

『北里柴三郎傳』（宮島幹之助、高野六郎著・北里研究所発行、岩波書店）

『北里柴三郎（上下）』（山崎光夫・中公文庫）

『北里柴三郎』（長木大三・慶應義塾大学出版会）

『北里柴三郎の人となり』（北里一郎・学校法人北里研究所）

『北里柴三郎の挑戦』（学校法人北里研究所　北里柴三郎記念室）

『近代日本医学の先覚者』（学校法人北里研究所　北里柴三郎記念室）

『くまもとのこころ』（熊本県教育庁教育指導局義務教育課編・熊本県教育委員会）

著者紹介

作者

たから　しげる

大阪生まれの東京育ち。立教大学社会学部卒業。産経新聞社で記者として働いているときに作家デビュー。主な作品に『盗まれたあした』(小峰書店)、『ラッキーパールズ』(スパイス)、「絶品らーめん魔神亭」シリーズ(ポプラ社)、「フカシギ・スクール」シリーズ(理論社)、『プルーと満月のむこう』、『想魔のいる街』(ともにあかね書房)、『ふたご桜のひみつ』(岩崎書店)、『まぼろしの上総国府を探して』(くもん出版)などがある。シリーズ「伝記を読もう」(あかね書房)では『伊能忠敬』を担当。編者として『ラストでわかるだれの手紙』(PHP 研究所)などがある。

画家

立花まこと（たちばな　まこと）

東京都に生まれる。イラストレーター。絵本に『おでかけ　おでかけ』(小長谷清実 作・福音館書店)『ぎょうざ　ぎゅっ ぎゅっ』(長谷川摂子 作・福音館書店)『てのひらむかしばなし　しおふきうす』(長谷川摂子 作・岩波書店)。シリーズ「伝記を読もう」(あかね書房)では『葛飾北斎』(芝田勝茂 文)『石井桃子』(竹内美紀 文)の挿絵、『松尾芭蕉』では装画と挿絵を担当している。

企画・編集

野上　暁（のがみ　あきら）

日本ペンクラブ常務理事、JBBY 副会長、東京純心大学こども文化学科客員教授。

編集協力　奥山修

装丁　白水あかね

伝記を読もう　22

北里柴三郎
伝染病とたたかった不屈の細菌学者

2021年3月　初　版
2024年5月　第5刷

作　者　たからしげる
画　家　立花まこと

発行者　岡本光晴
発行所　株式会社 あかね書房
〒101-0065　東京都千代田区西神田 3-2-1
電話　03-3263-0641（営業）　03-3263-0644（編集）
https://www.akaneshobo.co.jp
印刷所　図書印刷 株式会社
製本所　株式会社 難波製本

NDC289　152p　22cm　ISBN 978-4-251-04623-9